땅끝에 가는 사람

땅끝에 가는 사람

초판 1쇄 발행 │ 2024년 7월 15일

지은이 │ 김병선
펴낸이 │ 이민교
편 집 │ 이한민
디자인 │ Design IF
펴낸곳 │ 도서출판 사도행전
주 소 │ 서울시 강남구 자곡로 180
전 화 │ 010-6251-3842
이메일 │ actsbook29@gmail.com
홈페이지 │ www.actsbook.org
카카오톡 │ sonkorea
등록번호 │ 465-95-00163
공 급 처 │ (주)비전북 031-907-3927

ISBN 979-11-985484-5-0 03230

미전도종족이 있는 땅끝에서 다시 오실 주님을 맞이할 사람

땅끝에 가는 사람

복음에 빚진
선교사 열전 **9**

김병선 지음

사도행전

추천사

나는 김병선 선교사님의 〈땅끝에 가는 사람〉을 읽고 큰 감동과 도전을 받았습니다. 이 책을 보면 그의 삶과 사역, 주님을 향한 열정적 꿈과 성경관, 역사관, 선교 철학, 그의 순전한 인격과 사명의식과 복음적이고 개혁주의적인 세계관을 접할 수 있습니다. 특히 다음 몇 가지의 특징을 발견할 수 있습니다. 첫째, 하나님의 영광에 대한 열정에 사로잡힌 세계를 품은 그리스도인의 성경적 선교 인생, 집중해야 할 '미전도종족 선교' 이야기로 가득 차 있습니다. 둘째, 우리의 복음 증거와 예수님의 재림이 밀착되어 있음을 교시해줍니다. "모든 종족에게 예수님의 십자가 구원과 부활 승천과 재림에 관한 천국 복음이 전파되면 왕의 귀환으로서 세상 끝날이 도래할 것이며, 그리스도가 영원히 다스리는 영광스러운 하나님 나라가 온전히 세워질 것이다." 셋째, 믿음과 사명에 대한 분명한 목적을 제시하고 있습니다. 넷째, 오순절 성령강림 사건을 세계선교 운동의 시작으로 보고 있습니다. 다섯째, 복음 전파만이 의미 있는 삶의 가치관이라는 철학을 제시하고 있습니다. 여섯째, 저자는 언제나 하나님의 뜻에 순종하고 단순한 믿음과 사랑의 삶을 살았습니다. 일곱째, 저자는 현지 교회의 선교 개척(Mission Planting) 운동 사역에 집중하고 있습니다. 이에 나는 이 책을 모든 목회자, 선교사, 선교헌신자, 그리고 모든 평신도에게 열정적으로 추천하는 바입니다.
_____ **강승삼** GMS 원로 선교사, 전 총신 선교대학원장, KWMA 사무총장.

성경은 인류를 위한 하나님의 계획을 역사적 관점으로 소상하게 기록해놓은 것입니다. 한 민족의 이야기를 통해 메시아의 오심을 기록해 놓았으므로 우리가 예수님을 제대로 알 수 있게 되었습니다. 한 개인의 사역과 삶을 기록하는 일 또한 후대를 위해 필요한 일이라고 생각합니다. 김병선 선교사는 40여 년간 인도네시아에서 사역하며 경험한 애환과 기쁨, 사역의 보람을 문서로 남겨놓기 위하여 이 책을 썼습니다. 후배 선교사들이 선교지에서 사역과 삶을 기획할 때 이 기록이 롤모델이 될 것이며, 하나님 나라의 발전을 위해 귀하게 쓰일 것입니다. 세월이 지나 우리 삶이 남겨놓을 수 있는 일은 하나님의 성실하심을 증거하는 것뿐입니다. 이 책이 증거한 것이 바로 그것입니다.

_____ **이은무** 애틀랜타 컴벌랜드 신학대학원과 싱가폴 베다니 국제대학교(BIU)의 교수.

사람은 같은 일을 오래 반복하다 보면 타성에 젖게 되고, 열정이 식게 되며, 헌신도 약해지는 경향이 있다. 그러나 김병선 선교사의 선교관은 뚜렷하며, 인도네시아 선교를 한 지 40년이 넘은 베테랑임에도 불구하고 아직도 선교사로서의 순수함과 열정과 헌신을 간직해오고 있다. 젊은 시절 대학생 선교단체 IVCF에서의 훈련과 사역, 군대에서 군목으로서의 사역, 회교국 인도네시아에서의 사역, 그리고 선교지와 한국에서의 목회 사역은 하나님 사랑과 이웃 사랑의 실천이었으며, 그의 복음 전도와 선교 사역에 대한 열정과 헌신은 사랑의 실천을 위한 구체적인 활동들이었다.

이 책은 구구절절 주님의 재림을 기다리는 제자들의 집중된 관심과 사역이 어떤 것이어야 되겠는가를 보여준다. 그의 슬로건인 '예수사랑! 사람사랑! 복음증거!'는 그의 삶과 사역의 내용을 간결하게 보여준다. 이 책을 읽는 분들은 하나님의 부르심을 받아 사역에 임하는 사람들의 자세를 알게 될 것이다.

_____ **박기호** GMS 원로 선교사. 풀러신학교 원로교수.

김병선 선교사님은 선교를 삶으로 사시는 분이며, 선교 비전, 전략, 방법, 결과가 모두 성경에 초점이 맞추어져 있습니다. 10여 년 전 뉴욕에서 있었던 퍼스펙티

브스 선교 훈련에서 처음 만난 김 선교사님은 저에게 미전도종족 선교에 새로운 퍼스펙티브를 갖게 해주셨습니다. 그때 선교사님께서 하신 '성경적 관점'에 대한 강의는 마치 하나님께서 성령님을 통하여 말씀하시는 것 같았습니다. 이후로 저는 김 선교사님께서 하시는 선교에 동참하게 되었고 여러 차례 인도네시아를 다녀왔으며, 지금도 제가 담임하고 있는 미국 뉴저지 올네이션스교회는 인도네시아 남부 수마트라의 미전도종족 선교에 적극적으로 참여하고 있습니다.

이 책은 선교사님의 삶을 통해 쓰인 재미있고 성경적인 선교 이야기이면서, 그 가운데 선교의 원리, 방법, 방향, 전략이 포함되어 있어서 독특하고 감동이 넘칩니다. 이 책을 많은 목회자, 선교사, 선교 헌신자, 교회 리더들이 읽으면 좋겠다는 생각을 했습니다. 누구든지 이 책을 읽으면 선교에 대해, 특별히 성경과 저자가 강조하는 미전도종족에 대한 비전과 확신을 가지게 될 것입니다. 그리하여 이 책의 제목과 같이 '땅끝에 가는 사람'들이 많이 일어나 예수 그리스도의 재림을 준비하는 은혜와 부흥이 일어나기를 소원하며 기도합니다.

_____ **양춘호** 뉴저지올네이션스교회 담임목사, AFCM선교회 국제대표.

50년이 넘는 저의 오랜 친구이자 존경하는 선배 선교사인 김병선 선교사님의 기도는 독특합니다. 불가능한 일임에도 불구하고, 그것이 하나님의 뜻이라고 믿으면 서슴없이 기도합니다. 그런데 얼마 지나지 않아 놀랍게도 그 기도가 이루어지는 것을 봅니다.

선교 단체 본부 선교사로서 저는 어려울 때마다 김 선교사님에게 조언을 구합니다. 그러면 한마디로 말해줍니다. 돌아보면 선교사님의 조언은 항상 옳았습니다. 그대로 했을 때는 결과가 좋았고, 상황이 여의치않아 조언대로 하지 못했을 때는 어김없이 어려운 결과가 따랐습니다. 김 선교사님의 기도가 놀랍게 응답되고 그의 조언이 항상 맞았던 것은 그의 모든 생각과 결정이 하나님의 말씀인 성경의 원리에 기초하고 있기 때문인 것 같습니다.

자타가 인정하는 김 선교사님의 유명한 선교 강의 주제는 '성경이 말하는 선교'입니다. 신구약 성경 전체에 나타난 선교의 이유, 목적, 전략과 방향에 대한 김 선교사님의 강의는 재미있습니다. 살아있습니다. 권위가 있습니다. 이론이 아니라, 그의 40년 선교의 삶과 사역을 통해 입증된 것이기 때문입니다. 한국 교회가 본질적인 선교를 말하는 성경으로 돌아가야 할 시점에 이 책이 출간된 것은 선교사님의 기도 응답인 것 같습니다. 예수를 사랑하고, 사람을 사랑하고, 복음을 증거하기 위해 평생을 바친 선교사님이 하나님께서 그에게 주신 메시지인 '성경이 말하는 선교'를 더 널리, 그리고 다음 세대에도 전하고 싶은 열정으로 쓰신 것이 분명하기 때문입니다. 이 책을 통해 성경이 말하는 선교에 눈을 뜨는 교회와 선교 헌신자들이 많이 일어나 마지막 미전도 종족에게까지 복음이 전파되기를 기도합니다.

_____ **박신욱** SEED International 국제대표

김병선 선교사는 내가 일생에 걸쳐 사귐을 지속하는 이들 중 가장 가깝고 절친한 친구이자, 고등학교 시절 한동안 교회를 떠나 신앙과 무관하게 살고 있던 내게 복음의 진정한 의미와 내용을 알도록 일깨워 구원에 이르도록 도와준 나의 영적 생명의 은인이다. 나와 같은 중학교, 고등학교, 대학교를 졸업하였고, 상당한 기간 동안 한방을 쓰며 숙식을 함께 한 적도 있어서 흉허물없고 막역한 사이이지만, 동시대의 그리스도인들 중에서도 내가 가장 존경하는 사람 중 하나이다. 그의 신앙과 주님을 향한 헌신이 내가 알고 있는 그 누구보다 참되고 순수하며, 그가 뜨겁고 지속적인 열정으로 실천하는 삶을 살아왔다는 사실을 잘 알고 있기 때문이다. 이 책에는 김 선교사가 아주 어릴 적부터 최근에 이르기까지 사명자로 살아왔기 때문에 겪었던 수많은 고생들, 선교사로 때로는 담임목사로 헌

신하면서 현장에서 부딪혔던 다양한 경험들, 때때로 주님께서 베풀어주신 기적들이 빼곡히 기록되어 있다. 그의 생애를 거의 다 알고 있다고 생각했던 나로서도 미처 알지 못했던 사건과 사연들이 의외로 많았음을 이 책을 읽고 비로소 알게 되었다.

김 선교사는 이 책이 단순한 간증서에 그치는 것을 아쉬워하면서, 마지막 부분에 '복음'과 '선교'를 신구약 성경을 관통하는 핵심 콘텐츠로서 체계적으로 상세히 소개하는 것으로 자신의 자서전을 마무리짓고 있어 더욱 유익하다. 그리스도인 모두는 각자 주님께 받은 사명이 있는데, 김 선교사는 그 사명자의 길을 내가 아는 한 가장 모범적으로 걷고 있는 사람이다. 그의 신앙과 실천의 삶을 소개하는 이 책을 충분히 일독할 가치가 있다고 생각하여 추천한다.

—— **김진현** 강원대학교 법학전문대학원 명예교수, 법학박사(서울대학교).

김병선 선교사님은 하나님의 영광을 위하여 온 열정을 다해 헌신하신 분입니다. 그의 사역과 삶은 진정한 순종과 사랑, 복음 전파의 열정으로 가득 차 있습니다. 김 선교사님의 책 〈땅끝에 가는 사람〉은 그가 어떻게 하나님의 부르심에 순종하며 미전도종족에게 복음을 전하는 사역에 헌신하게 되었는지에 대한 생생한 기록입니다. 그는 인도네시아에서의 사역을 통해 많은 열매를 맺었고, 제자 양육을 통해 현지인 사역자들을 세우고 교회를 개척하며 하나님의 나라를 확장하는 데 힘썼습니다. 우리는 이 책에서 김 선교사님의 깊은 신앙과 헌신, 그리고 하나님께서 그의 삶을 통해 어떻게 역사하셨는지를 볼 수 있습니다. 이 책은 단순한 전기나 회고록이 아닙니다. 김 선교사님의 경험과 깨달음을 통해 우리의 신앙을 다시 한번 점검하고, 하나님의 부르심에 어떻게 응답해야 할지를 깊이 생각하게 합니다. 그의 이야기는 오늘날의 우리에게도 동일하게 적용될 수 있는 귀한 교훈을 제공합니다. 이 책을 읽는 모든 이들이 그의 삶과 사역을 통해 하나님의 사랑과 능력을 더욱 깊이 경험하게 되기를 소망합니다.

_____ **조용중** KWMC 사무총장, 글로벌호프 대표.

선교사 이야기는 당사자 개인의 이야기 그 이상이다. 그가 선교사가 되기까지의 이야기는 그를 보낸 한국 교회와 선교단체의 역사다. 또한 선교사가 된 후의 이야기는 그가 섬겼던 나라의 교회 역사이기도 하다. 아마 100년 후에 인도네시아 교회는 이 책의 기록을 통해 자신들의 교회의 모습을 발견할 것이다.

저자의 이야기는 개인적으로 나의 선교 여정과도 관련이 많다. 나는 오랫동안 저자가 하는 설교와 선교에 대한 이야기를 듣고 배우며 성장해왔다. 저자가 처음 인도네시아 선교사로 헌신하면서 가졌던 생각을 당시 대학생이었던 우리들에게 나눌 때의 감격이 아직도 귀에 남아 있다. 저자는 여러 측면에서 한국 선교가 본격적으로 활성화될 때, 한국 선교가 개척해야 할 길을 열어간 분이다. 이 저서를 통해 우리는 한국 선교의 발전 과정과 역사를 경험할 수 있을 것이다.

저자의 글을 읽으면서 사도 바울의 고백이 떠올랐다. 이방인의 복음화로 부름받은 사도 바울에게 구원은 하나님의 선물이지만(엡 2:8) 선교도 하나님의 선물이었다(엡 3:7). 저자에게 선교는 사명 이상이었고, 그를 향한 하나님의 선물이었을 것이다. 이 책을 통해 독자들이 선교가 사명과 부르심을 넘어서 하나님의 선물임을 깨달을 수 있으면 좋겠다. 이 책이 주는 또 하나의 유익은 뒷부분에 나오는 성경과 선교에 대한 저자의 관점이다. 나의 소견에는 한국 선교사 중 성경과 선교를 가장 잘 간파해낼 수 있는 분이 김병선 선교사다. 이 책을 통해 우리는 저자의 삶에서 보여준 선교사의 모습과 성경에서 말하는 선교에 대한 이해라는 두 가지 선물을 동시에 받게 될 것이다. 이것이 모든 그리스도인들이 이 책을 통해 누릴 수 있는 큰 특권이다.

_____ **한철호** 미션파트너스 대표, 로잔한국위원회 부의장. 로잔 2024대회 프로그램 위원.

저자는 일찍부터 전도인의 삶을 살았다. 그의 일생과 사역은 역동적이다. 어려운 여건 속에서도 큰 열매를 맺기도 했다. 때로는 희귀병에 걸려 사경을 헤매기도 하였다. 하나님의 은혜로 회복한 다음엔 인도네시아에서 미전도종족 사역에 더욱 집중하고 헌신해왔다. 귀한 자서전이 출간되어 너무 기쁘다. 모두에게 일독을 권한다. 큰 영감과 도전과 용기를 줄 것이다.

_____ **유기남** 알타이선교회 대표, 선교타임즈 편집인.

김병선 선교사님을 옆에서 보고 배운 선교사 후배로서, 그 열정과 자세가 너무 귀해 그대로 따라갔던 지난 35년이 자랑스럽습니다. 한때는 김 선교사님이 한국에서 목회하려고 인도네시아를 떠나실 때 제가 김 선교사님이 하시던 사역을 물려받아 그대로 진행했고, 인도네시아 선교사들을 배출하는 열매를 맛보기도 했습니다. 김 선교사님의 트레이드마크인 '하나님의 영광에 대한 열정에 사로잡힌 세계를 품은 그리스도인'은 현지에서 훈련받은 제자들에게뿐 아니라 그들로 인해 세계 전역으로 퍼져가면서, 더 많은 예수님의 제자들이 양산되는 선순환적 모습으로 자리잡을 것입니다.

이 책은 자기 자랑이 아닌 예수님 자랑으로 가득 차 있으며, 예수님께서 주신 명령에 신실하게 순종할 때 어떤 결과가 나오는지를 여실히 보여주는 하늘나라의 가치가 그대로 담겨 있습니다. 이런 가치가 널리 펴져 같은 모습의 선교사들이 더욱 많이 나오기를 간절히 바랍니다.

_____ **백운영** 미국 풀러신학교 객원교수, 로잔위원회 글로벌 카운셀 멤버.

내가 내수동교회 대학부에 있을 때 김병선 선교사님이 담임목사님으로 오셨다 (1998). 선교사로 헌신하자, 훈련원 원장님으로 오셔서 기초부터 꼼꼼히 가르쳐주셨다(2004). 필드 선교사로 일할 때는 GP 대표님이셨고(2008-2012), 이제는 내가 대표가 되었는데(2019-현재), 누구보다도 많이 응원해주시는 선배 님이시다.

내가 훈련생이던 시절(2004), 김 선교사님이 한국복음주의협의회의 신학 논문 번역을 나에게 맡기시고 번역료로 30만 원을 주셨다. 나는 그걸로 본부 직원들 밥을 거나하게 샀다가 야단을 맞았다. 투명하게 선교비 재정에 넣지 않은 것과, 절약하지 않고 한 번에 써 버려서 그러셨다. 또한 나를 비롯한 수습선교사들을 데리고 후원교회를 방문하셔서, 본인의 후원금을 쪼개어 신임들에게 후원하게 해주셨다. 2014년 김병선 선교사님이 뇌수막염으로 투병중이라는 소식을 듣고 서, 우리 부부는 비상금 몇백만 원을 모두 치료비로 송금해드렸다. 얼마 후 김병 선 선교사님은 치료비가 채워졌다며, 그 돈은 받을 수 없다며 돌려주셨다. 나는 GP 대표이지만 활동비를 쓸 수 없었는데, 2019년 이스탄불에서 회의가 있어서 항공권은 사서 갔지만 체류비를 부담할 수는 없었다. 몇몇 분들이 나에게 핀잔 을 줄 때, 김 선교사님이 대신 지불해주셨다. 돌아보면 김 선교사님은 디모데와 같이 유약한 나에게 하나님께서 붙여주신 사도 바울이 아니었을까.

_____ **김동건** 현 GP선교회 대표.

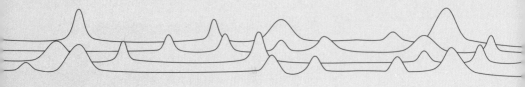

차례

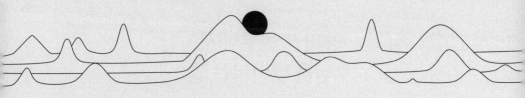

땅의 모든 끝에서
주님을 맞이하는 일

주님께서 흐뭇해 하시리

"선교사로서 살아오며 맺은 '선교의 열매'는 무엇이라고 생각하느냐"고 묻는다면, 나는 서슴없이 "사람들"이라고 답하겠다. IVF 간사 시절에 양육한 후배들, 교회에서 목회할 때 세운 주님의 제자들, 선교단체의 후배 선교사들, 그리고 인도네시아 현지 신학교에서 가르치고 훈련시킨 목회자들이다. 특별히, 미전도종족이 있는 시골에서 전도하고 있는 현지인 사역자들을 빼놓을 수 없다. 하나님께서 한국교회 선교계에 여러 모양으로 세우신 동역자들 가운데 나의 사역과 관련이 있는 분들이 많다는 것도 큰 자랑이요 기쁨이 된다.

내가 선교단체의 대표일 때는 전세계의 선교지를 방문하였는데, 현지에서 사역 중인 선교사들 가운데 오래전에 나의 선교 강의와 설교를 들었다고 인사하시는 경우가 많았다. 내가 춘천의 교회와 서울의 내수동교회와 성도교회에서 학생회를 지도하였을 때 학생이었거나, 군목이었을 때 그 부대의 병사였다는 이도 있었다. 내가 IVF 간사일 때 매일 아침 한 시간씩 성경을 가르쳤던 후배들 중에도 선교사가 된 이들이 여럿이 있다. 이분들이 모두 나의 영광이다.

내가 내수동교회를 담임하였던 5년 동안에도 교회의 젊은이 그룹 가운데 선교사가 되겠다고 다짐했던 50여 명의 형제자매들이 있었다. 그들 중 다수 역시 선교지에서 사역하고 있다는 소식을 듣고 있다. 이런 사람들을 생각할 때마다 기쁘고 위로가 된다. 마음이 흐뭇하다. 주님께서 더 흐뭇하시리라 믿는다.

내가 인도네시아에서 초기에 양육했던 인도네시아의 동역자들과 교회들은 인도네시아 선교사로서 더욱 소중한 열매들이다. 나는 인도네시아에서의 첫 임기 때, 남부 수마트라의 단중에님(Tanjung Enim) 신학교에서 교수로서 사역하였다. 이 학교의 현재 이름은 에벤에셀신학교(STTE : Sekolah Tinggi Theologia Ebenhaezer)다. 그때 여러 과목을 가르쳤고, 학생들의 장학금을 위해 한국교회에서 후원자들을 찾아 연결하였다. 학생들과 함께 오지에 세운 교회들을 찾아다니며 말씀을 가르치는 사역도 하였다. 지금은 아쉽게도 없어진 교회도 있지만, 안정된 모습으로 성장하여 자리를 잡은 교회들이 많다.

나는 현재 인도네시아의 주요 교단 중 하나인 게뻬이엔(GPIN) 교단의 고문이기도 한데, 이 교단의 모체(母體)인 GPOPTE의 창립 총회가 1986년 4월 29일과 30일에 단중에님에서 열릴 때, 32세에 불과했던 내가 그 자리에서 인도네시아의 기독교 지도자인 옥타비아누스 목사와 조고 목사와 함께 그 총회의 고문으로 추대되었다. 이 교단의 총회는 16개 지역의 교회 대표가 모여 구성한 것이었는데, 나는 그때 '건강한 교회'라는 주제로 특강을 하였다. 내가 창립을 주도한 것은 아니지만, 이 교단의 창립 때부터 지금까지 많은 부분에 참여하여 역할을 감당하고 있다.

수마트라의 팔렘방교회는 1989년에 내가 직접 담임목사 역할을 하며 개척한 교회이다. 이 교회의 현재 이름은 예루살렘교회(GPIN-Yerusalem)이다. 내가 그곳에서 사역할 때 교회 부지를 구입해두었는데, 이후 그곳에 돌아가지 못할 사정이 있었을 때는 건축비의 상당 부분을 선교 후원금으로 보내주었다. 어느 후임 선교사가 한국에서 보내준 그 교회의 건축비를 은행에서 찾아가는 길에, 신호등 때문에 차를 멈춘 순간 오토바이를 탄 강도에게 날치기를 당한 일이 있었다. 그래서 기대한 만큼 건축하지는 못해 아쉬움이 남았고 그 후임은 한동안 마음고생을 했지만, 하나님의 은혜 가운데 교회는 건축되었다.

그 교회 외에도 건축을 위해 다소라도 재정적으로 후원한 인도네시아의 교회들이 여럿 있었다. 1986년에 바뚜라자교회는 그 교회의 땅을 구입해주었고, 반유아유교회는 건축의 재정을 지원하였다. 필라델피아교회는 예배 공간 건축과 대지 구입비의 일부를 지원하였고, 아밥종족교회도 건축비의 일부를 지원하였다.

내가 교회에서 목회할 때 전도사로 동역했고 신학교에서 제자로 양육받은 사람들 중에 목사가 된 사람이 많은데, 지금은 인도네시아 전역에 흩어져 목회하고 있다. 그중 자신이 속한 교단의 총회장이 되어 교회들을 이끌었거나 지금도 일하고 있는 이들도 여럿 있다. 엘리 수빠르노(Elly Soeparno) 목사는 게뻬이엔(GPIN) 교단의 현 총회장이다. 아디엘리 와루우(Adieli Waruwu) 목사는 게까예(GKY) 교단의 전 총회장이다. 에디 뜨리아뜨모꼬(Edy Triatmoko) 목사는 게끼시아(GEKISIA) 교단의 전 총회장이다. 폴비드 비다야(Folbid Bidaya) 목사는 베엔까뻬(BNKP) 교단의 전 총회장이다. 게까이이(GKII) 교단의 전 총회장인 데이비드 수실로(David Susilo) 목사는 안타깝게도 팬데믹 기간에 코로나로 소천했다. 하디 꾸르니아디(Hadi Kurniadi) 목사는 게까이이 교단의 현 총회장이다. 빠울루스 볼루(Paulus Bollu) 목사는 게엠까에스(GMKS) 교단의 현 총회장이다. 대부분 은퇴했거나 은퇴를 앞둔 나이가 됐다. 이들 중 일부는 은퇴 후 나를 대신해 미전도종족 사역자들을 방문하고 격려하는 사역을 이어갈 예정이다.

하나님의 계획을 따르는 사명

선교사로서 나의 본질적 사명은 온 세계를 향해 정하신 하나님의 경영에 맞춰 살아가는 것이다. 하나님께서는 우주적인 하나님의 계획 속에서 우리 개개인을 지으셨는데, 우리를 지으실 때는 우리를 향한 목적이 있으시기 때문이다. 작은 녹음기도 소리를 녹음하기 위해 만들어졌다는 목적이 있다. 목적 없이 만들어지는 건 하나도 없다. 그러면 천하보다 귀한 사람을 하나님이 지으실 때 기대하신 목적이 왜 없겠는가? 그게 바로 그 사람의 사명이다.

〈목적이 이끄는 삶〉이라는 책이 오랫동안 읽히고 있다. 의미가 유사하지만, 내가 생각하는 '사명이 이끄는 삶'과 조금 다르다고 생각한다.

내가 정한 삶의 목적이 물론 중요하지만, 하나님의 사명이 아닐 수 있기 때문이다. 어쩌면 자기 고집이거나, 자기가 바라는 삶의 방향에 불과할 수 있다.

우리의 사명은 하나님께서 우주적인 계획 속에 세우신 하나님의 목적을 이루는 일과 관련이 있어야 한다. 하나님의 목적, 곧 하나님 나라를 이루는 일에서 우리가 할 역할이 바로 사명이다. 그 사명이 무엇인지는 자기의 특징, 곧 은사를 보면 알 수 있다. 우리는 무엇이든 각자 남과 다른 재능과 은사를 가지고 태어나는데, 그것이 하나님께서 우주적 목적을 위해 우리에게 주신 사명의 재료다. 나 같은 경우에는 논리적 사고 능력과 말을 잘하는 은사가 다른 사람보다 조금 더 많은 것 같다. 이런 점에서 말씀을 전하는 목사이며 선교사가 된 것이 나의 사명인 것은 틀림없어 보인다.

하나님께서 나를 지으신 모습과 지금까지 살아온 삶을 볼 때, 하나님의 우주적 목적과 계획이 실현되는 일을 위해 내가 반드시 감당해야 하는 사명은 선교다. 이 사명이 가장 중요하기에, 나는 다른 어떤 것도 더 중요하게 여길 수 없다.

사도 바울은 사도행전 20장 24절에서 "나의 달려갈 길과 주 예수께 받은 사명, 곧 하나님의 은혜의 복음을 증거하는 일을 위해서는 나의 목숨을 조금도 귀한 것으로 여기지 않겠다"고 하였다. 사명이 존재의 목적이기 때문에 목숨보다 귀하다고 말한 것이다. 그러므로 사명 없이 사는 사람은 의미가 없는 삶을 사는 것이다. 주 예수께 받은 사명이므로 내가 정한 것도 아니다. 그런데도 하나님의 선교라는 목적과 무관하게 각자의 삶의 방향에 강조점을 더 두고 있다면, 그것은 사명이라기보다 그냥 삶의 목표가 있을 뿐이다. 다시 강조하지만, 사명은 나의 목적이 아니라 하나님의 목적과 관련이 있어야 하는 것이다.

사명을 알았으면, 이제 그 인생의 길은 산책이 아니다. 달려갈 길이다. 우리는 그 사명을 이루기 위해 정말 알차고 농축된 삶을 살아야 한다. 사명에 이끌리는 삶이란 바로 그런 것이다. 세상이 아무리 칭찬하고 설혹 횡재를 얻는 길이라 해도, 내 사명과 맞지 않으면 가지 말아야 한다. 그 사명의 목적에 집중하여 할 일을 결정하고 선택하는 지혜가 필요하다.

등대지기의 사명은 등불을 비추는 것이다. 그래야 어두운 밤에 배들이 길을 찾을 수 있다. 그런데 만약 등대가 있는 섬마을에 날씨 때문에 기름이 공급되지 않아서 사람들이 등대지기에게 기름을 나눠달라는 부탁을 했다고 치자. 그들이 불쌍해 보인다고 기름을 나눠주면 등대를 밝힐 기름이 부족해진다. 그것이 아무리 선행 같아도 등대지기의 사명에 맞는 일은 아니다. 그러므로 남들이 칭찬할 일이라 해도 내 사명에 맞지 않는 일은 거절할 수 있어야 한다. 그것이 지혜로운 청지기로서 사는 길이다. 그런 점에서, 사명을 따르는 일이라 해도 몸이 부서질 정도로 일하는 것은 옳지 않다. 우리가 사는 동안 어떤 일을 해내야 하는데, 건강을 잃는다면 그 사명을 이룰 수 없기 때문이다.

사실 우리는 사명에 맞는 일만 잘 선택하기만 해도 지치지 않고 그 길을 계속 걸어갈 수 있다. 한국에서는 사명자가 무조건 고생하고 희생하는 것만 강조하는 경향이 있는데, 그건 아니다. 무모하고 무조건적인 헌신은 사명에 이끌리는 삶의 모습이 아닐 수 있다. 사명의 목적과 대상은 분명해야 하고, 또 분명할 수밖에 없기 때문이다.

내가 발견한 제일 중요한 일

하나님 나라가 완성되어 가는 이 시점에서 우리가 집중해야 할 선교의 핵심 대상은 무엇인가? 내가 발견한 제일 중요한 선교의 대상은 미전도종족이다. 아직 복음을 듣지 못한 종족들이 다 복음을 듣게 만들어야 예수님이 다시 오실 것이라고 성경이 분명히 기록했기 때문이다.

마 24:14 　 이 천국 복음이 모든 민족에게 증거되기 위하여 온 세상에 전파되리니 그제야 끝이 오리라

한때 한국교회에서 선교 동원 사역을 할 때 미전도종족 사역을 마치 부업처럼 여긴 적이 있다. 하지만 내가 뇌수막염을 앓을 때 새삼스레 다시 깨달은 것이 바로 미전도종족 선교의 중요성이다. 하나님께서는 병실에 누워 있던 내게 이렇게 말씀하셨다.

"네가 왜 여기 누워 있느냐? 가서 나를 맞이할 준비를 해야지."

'땅끝에서 주님을 맞으리'라는 복음성가 가사를 읊조리고 있을 때였다. 나는 이렇게 다짐하였다.

"이 병이 나으면 선교지에 가 있겠습니다. 미전도종족 사역에만 집중하겠습니다. 저를 일으켜 주옵소서!"

그래서 하나님께서 회복시켜 주신 다음, 바로 인도네시아에 돌아와

10년 넘게 이 사역을 계속하고 있는 것이다.

주님께서 내가 인도네시아에 와 있는 것을 기뻐하시는 것 같다. 한국에서 선교를 후원하도록 설득하고 선교지로 가는 선교사들을 동원하는 것도 영향력이 있는 사역이지만, 내가 여기에서 미전도종족 사역을 직접 하고 있는 것이 더 큰 영향력이 있다고 생각한다. 내가 이 사역에서 직접 본을 보일 수 있기 때문이다. 하나님께서 미전도종족 선교를 기뻐하시기에 이 사역의 의미를 많은 분들이 인정하여 선교비를 보내주고 계시며, 현지인을 비롯한 많은 사람들의 마음을 움직여 이 일이 진행되게 하고 계시다.

원래 '땅끝'이라는 단어를 스바냐서(습 2:11)에서 보면 '모든 해변'이다. 그러니 인도네시아 같은 섬나라는 동서남북 어디로 가든 땅끝이 된다. 예를 들면 수마트라 남부 도시 람뿡의 해변에는 '쁘시시르'라는 종족이 살고 있는데, 종족 이름의 뜻 자체가 해변이고, 그런 종족이 사는 곳이 '땅끝'이다. 내가 주님의 '대위임령'을 따라 땅끝까지 이르러 복음을 전하고 제자를 삼을 대상은 그런 곳에 있다.

물론 선교는 각자 자기가 사는 동네에서 시작해야 한다. 처음엔 그럴 수밖에 없다. 초대교회 유대인에겐 그 출발점이 예루살렘이었다. 그 다음이 이웃인 유대였고, 그 다음에 간 곳이 다른 나라 같으면서도 뿌리와 생김새는 비슷한 이웃, 사마리아였다. 그리고 주님이 명령하신 궁극적인 목적지, 땅끝으로 흩어졌다. 그래서 사도 바울은 당시의 땅끝으로 여겼던 서바나, 지금의 스페인까지 가려 했던 것이다.

지중해 전역에 복음을 전한 바울은 가급적 더 멀고 새로운 선교지로 가려고 했다. 다른 사도나 전도자들이 복음을 전한 곳에는 가지 않으려 했다. 언제나 땅끝, 즉 미전도종족이 있는 곳으로만 가려고 힘썼다. 가깝든 멀든, 복음을 듣지 못한 사람들이 사는 곳이 그의 땅끝이었기 때문이다. 오늘 우리가 바울처럼 가야 할 땅끝 또한 미전도종족이 있는 곳이다.

하나님이 기뻐하시는 일은 아직 복음을 듣지 못한 이에게 복음을 전하는 것이다. 바울은 그래서 이미 예수의 이름을 부르는 곳에서는 복음을 전하지 않기로 다짐했던 것이다. 복음을 들은 사람이 복음을 듣지 못한 사람에게 전하는 것이 사명이고 유일한 목적이기 때문이다. 그래야 모든 사람에게 복음이 전파되기 때문이다. 그러므로 엄밀히 말해 선교지라고 말하려면 미전도종족이 있는 곳이어야 한다.

약한 곳에 힘을 집중해야

국가 사이에 분쟁이 있어서는 안 되겠지만, 어쩔 수 없이 전쟁이 일어났다면 승리해야 평화를 되찾게 된다. 그러자면 가능한 모든 전선에서 고루 이길 수 있어야 한다. 한 군데서 압승을 거두어도 다른 곳에서 허물어지면 무용지물이다. 그래서 세계전쟁의 역사를 보면 이미 우리 편이 이기고 있는 곳에는 병력을 더 보내지 않았다. 지고 있거나 전세가 기운 곳에 병력을 더 보내는 것이 전술의 기본이다. 약한 곳에 힘을 보태야 하기 때문이다.

협력이란 힘이 부족한 곳에 힘을 보태는 것이다. 군대에서 체력 단련을 위해 단체로 하는 운동 중에 여럿이 함께 통나무를 드는 '목봉체조'

라는 것이 있다. 내가 군목으로 복무하면서 경험한 것인데, 이 운동을 할 때는 두세 사람이 모인 팀보다 대여섯 사람이 모인 팀이 힘을 덜 들이고도 잘할 수 있다. 따라서 상대적으로 숫자가 적은 팀에는 사람을 더해주어야 한다.

복음을 전하는 영적 전쟁터에도 마찬가지 원리가 적용돼야 한다. 복음이 전해져 이미 믿는 사람이 있고, 선교사들이 많이 가 있는 곳에 선교사가 더 갈 필요는 없다. 선교사가 부족한 곳에, 아직 전도받지 못한 사람이 많은 곳에 선교사가 가 있어야 한다. 미전도종족이 있는 곳은 말할 것도 없다.

교회의 성장에도 마찬가지 원리가 적용된다. 하나의 교회가 굳이 대형교회가 되려고 할 필요는 없다. 오히려 교회가 없는 지역에 계속 교회가 개척되어, 중소 규모라 하더라도 교회들이 많아지는 편이 선교적으로는 더 좋다. 그런데도 우리는 대부분 자기 교회를 대형교회로 만들려 한다.

이미 많은 사람이 모인 곳에 힘을 더하려는 것은 '바벨탑 정신'의 작동일 수 있다. 바벨탑을 세우려던 사람들처럼 자기 이름을 내고 흩어짐을 면하자는 것일 수 있기 때문이다. 바벨탑 정신의 반대 정신이 임한 사건이 오순절 성령강림이다. 각 나라에서 온 사람들은 주의 제자들이 방언으로 말하는 것을 듣고 흩어져 복음을 전했다. 방언을 받은 제자들은 박해를 받고 여기저기 흩어져 복음을 전했다. 그런 점에서 하나님이 방언을 통해 흩어놓으신 오순절 성령강림 사건은 언어 때문에 흩어진 바벨탑 사건과 결과는 비슷했지만, 그 정신의 근원은 완전히 정반대에서 온 것이었고 결과도 정반대였다. 사람의 이름이 높아지고 흩어짐을 면하는 것이 아니라, 하나님의 이름을 높이며 복음 전파를 위해 흩어지는 일이었기 때문이다.

무엇보다, 오순절 성령강림 사건은 세계선교운동의 시작이었다. 그러므로 오순절을 표방하는 교회가 대형교회가 되려는 것은 하나님의 뜻에 맞지 않는다. 나도 인도네시아와 서울에서 목회하면서 교회 성장을 추구하지 않은 것은 아니었지만, 성장하고 모이는 만큼 흩어져서 섬기고 선교하는 일꾼들이 되자고 강조하였다.

이제는 대형교회로 성장하는 것이 하나님이 기뻐하시는 일이라고 생각하지는 말아야 한다. 대형교회는 하나님을 위해 뭔가 큰일을 하기 위해 필요한 것이라고 사람들이 말하지만, 사실은 그것을 10개나 100개로 나눈 교회들이 각자 은사에 따라 사역하고 선한 의도로 연합하는 편이 더 유익할 것이다.

내가 이런 생각을 젊을 때부터 지금까지 꾸준하게 할 수 있었던 것도 하나님의 은혜라고 생각한다. 그때 받은 선교적 소명을 아직까지 간직하고 있으니 말이다.

미전도종족 선교를 위한 기도

현재 나의 기도제목은 남부 수마트라에 있는 미전도종족부터 시작하여, 재정과 인력이 허락되는 한 미전도종족이 아직 남아 있는 인도네시아의 여러 지역마다 사역자들을 파송하고 후원하며 격려하는 것이다. 특히 이 사역을 현지인들과 팀으로서 계속하는 것이 기도 제목의 하나다. 주님이 오시기까지 계속될 미전도종족 사역을 위해 팀사역과 같은 인프라 구축이 꾸준히 잘 준비되도록 기도한다. 그 사역팀의 전도와 양육의 결과로, 종족마다 그리스도인이 세워져 자기 종족 사람들에게 복음을 전할 수 있게 되기를 기도한다.

또한 국내외에서 미전도종족 사역에 필요한 헌신된 선교사들을 보내주시기를 기도한다. 무엇보다 미전도종족 사역팀에 필요를 공급하는 후원자들에게 불변의 동기와 열정을 주시도록 기도한다.

동역하는 현지 교단과 단체의 지도자들에게 미전도종족 복음화 사역의 순수한 열정을 주시도록 기도한다. 각 도시에 세워진 기존의 교회들이 그 도시와 주변에 있는 미전도종족들을 향한 전도에 힘쓰도록 기도한다. 이 모든 기도제목을 위해 후원자들과 독자들이 함께 기도해 주시기를 부탁드린다.

주님은 분명히 약속하셨다. 우리가 아직 복음을 듣지 못한 모든 이들에게 이 복음을 전해야 다시 오시리라고. 주님이 언제 오실지는 모르지만, 우리는 기름을 충분히 준비하여 언제 올지 모르던 신랑을 기다린 지혜로운 처녀들처럼, 주님이 오실 날을 준비하는 마음으로 미전도종족 선교에 모든 역량을 집중해야 할 것이다.

주 예수여, 다시 오실 그날까지 산을 넘고 물을 건너 복음을 전하려는 우리의 발걸음을 보호하소서!

인도네시아 람뿡에서

김병선 선교사

1부

뜨겁고 단순하게
예수 믿고 증거하여라

01

예수님은 내게
어떤 일을 하셨는가?

9남매 중 다섯째

내 삶의 여정을 돌아보면, 주님께서 역사의 주재자(主宰者)로서 나를
지으셨고, 어린 시절부터 오늘에 이르기까지 나의 모든 삶과 사역을 주
관하셨다. 선교사로서 소명을 깨달은 것도, 그 소명에 따라 선교지로
가는 과정에서도 주님께서 주권적으로 인도하셨다.

나는 1953년 1월 29일, 강원도 홍천군 홍천읍 희망리에서 부친 김
용식과 모친 전옥순 사이에서 태어났다. 내가 태어난 집터엔 현재 홍천
제일교회가 자리잡고 있다.

내 아버지는 홀아비였다. 사별한 아내 사이에 딸과 아들 둘, 세 자녀

를 두었다. 내 어머니는 과부였고, 딸이 하나 있었다. 이 두 분이 만나 재혼하셨는데, 그 사이에서 태어난 첫아들이 나 '병선'이다. 나는 아버지에겐 세 번째 아들이고, 어머니에겐 첫아들이었다. 내 아래로 3명의 아들과 1명의 딸이 더 태어났다. 그래서 우리집의 자녀는 모두 아홉 명이 되었다. 나는 그중 다섯째다.

우리 형제자매의 친부모 구성이 아버지가 데려온 세 자녀, 어머니가 데려온 딸, 그리고 나를 포함해 두 분 사이에 태어난 넷 해서 세 종류여서, 나는 요셉의 열두 형제 이야기가 특별해 보이지 않는다.

우리집의 경제는 정미소가 책임졌다. 농촌에서 정미소를 갖고 있다면 부자 소리까지는 못 들어도, 그 동네에서 중상 수준으로는 살았던 것으로 기억한다.

나는 노래와 말을 잘하는 아이였다. 고등학교 1학년 때 변성기가 오기 전까지 목소리는 아이답게 아름다웠지만, 그때 예수님을 만나면서 통성기도를 많이 하는 바람에 목소리가 크고 굵게 변하였다. 하지만 그것이 설교하기에는 좋은 목소리를 만들어주었다고 생각한다.

내 성격은 외향적이고도 감각적이며, 이지적이고 미리 계획하는 스타일이다. MBTI 검사를 해보니 그에 해당하는 ESTJ라는 결과가 나왔다. 나는 다른 사람과 쉽게 어울릴 수 있다. 상황에 대한 판단력이 종합적이며, 행정적인 일을 잘 처리하는 편이다. 하지만 다른 사람의 감정을 공감하고 공유하는 데는 민감하지 못한 것 같다. 대신 사고력이 논리적이며, 언어 구사 능력도 좋은 편으로 평가받는다. 한국어는 물론 인도네시아어도 일상의 대화나 설교에서 정확한 문장으로 말하는 것이 어렵지 않다. 논리적으로 말하는 특징 덕분에 어려서부터 지도자로 뽑히는 일이 많았다. 초등학교 재학 시절에 반장을 여러 번 했고, 6학년 때는 전체 회장을 했다. 고등학교 3학년 때도 전교 학생회장을 하였다.

내가 교회에 처음 가본 건 5살 무렵이었다. 홍천읍에 있는 어느 교회에서 열린 어린이 여름성경학교에 간 것이다. 성경학교를 마치고 어린이들과 교사들이 단체사진을 찍었는데, 그것이 내가 가지고 있는 가장 오래된 '어릴 때의 사진'이다. 사진 속의 나는 맨 앞줄의 끝에 앉아 있었다. 그때도 노래를 잘 불러 상으로 작은 공을 하나 받아왔는데, 가지고 놀던 공이 마루 밑으로 들어가 버리고 말았다. 그걸 꺼내려고 마루 밑으로 기어들어 갔는데, 그만 머리가 끼어 나오지 못해 운 기억이 있다. 마루 밑이 낮아서였겠지만, 그때 내 머리도 지금처럼 제법 컸었나 보다.

울면서 회개하며 정한 것

내가 취학할 무렵, 가족이 홍천에서 인제로 이사했다. 인제국민학교를 다닐 때는 여름성경학교와 성탄절을 전후한 몇 주간만 집에서 가까운 인제감리교회의 주일학교에 참석하였다. 여름성경학교를 마친 다음엔 교회가 재미없어 다니지 않았고, 성탄절을 전후해서는 성탄절 행사에서 노래와 연극을 하라고 하여 불려 가곤 하였다. 하지만 그런 다음엔 또 재미없다고 다니지 않았다. 그러다 중학교 2학년 때부터 교회에 꾸준히 출석하였는데, 졸업한 다음 서울로 올라오게 되면서 서울역 뒤 산마루 꼭대기에 있는 균명고등학교(현 환일고등학교)를 다니게 되었다. 이때 YFC(Youth for Christ) 모임에 참석하고 교회에도 열심을 내기 시

내가 처음 간 홍천의 어느 교회에서 열린 어린이 여름성경학교의 단체사진.
첫 줄, 맨 왼쪽에 앉아 있는 아이가 나다.

작했다.

1968년, 고등학교 1학년 2학기 때부터 다닌 교회가 마포구 서교동에 있는 서현교회였는데, 같은 반의 친구 박헌욱(현재 Seed선교회 국제대표인 박신욱 목사의 본명)의 부친이신 박경남 목사님이 목회하시는 교회였다. 그 교회의 학생회 총무가 되었고, 그해 가을에 박 목사님에게 세례를 받았다. 그 교회의 학생회 예배에서 이종일 강도사님이 해주신 설교를 잊을 수 없다. 그의 설교를 듣고서 내가 죄인인 것과, 예수님이 하나님이시며 나를 대신해 벌 받아주시려고 성육신하시고 십자가에서 죽어주셨다는 것을 깨닫게 됐기 때문이다.

그날 나는 울면서 회개하며 예수님을 믿는다고 고백하였다. 나의 죄를 깨닫고 회개하느라 울었지만, 아울러 내 죄를 대신해 벌을 받아주신 예수님이 고마워 감격하였다. 예수님이 내 죄의 문제를 온전히 해결해주셨음을 믿었고, 예배를 마치고 밖으로 나왔을 때 세상이 바뀐 것처럼 새롭게 보인다고 느꼈다. 그 일은 어려서부터 주일학교에서 종종 들어 조각으로 알고 있던 성경의 내용들이 하나의 구슬 목걸이처럼 꿰어지면서, 예수님이 누구이시고 어떤 일을 하신 분인지를 동시에 깨닫는 기회였다. 그날 이후로 십자가를 기억할 때마다 감사하여 마음이 뜨거워지는 것을 몇 년간 계속하여 느끼곤 했다. 지금은 무뎌져서 그런지 그때처럼 십자가의 감동을 계속 느끼는 것은 솔직히 아니지만, 십자가의 대속의 은혜가 내 신앙의 중심에 있는 것만큼은 변함이 없다.

이 강도사님은 후에 대림동에 있는 흰돌교회에서 담임으로 목회하셨고, 은퇴 후 우간다에 선교하러 가셨다가 소천하셔서 그 나라에 묻히셨다. 그 분에게 구원의 복음을 들어 깨닫고 예수님을 만난 이후, 내 마음에서 가장 중요하고 의미 있는 일은 사람들이 예수님을 알고 믿도록 돕는 일이 되었다. 복음 전도만이 삶의 의미라는 가치관을 가지게 된 것이다. 사람들이 복음을 받아들여 죄를 용서받고, 구원받은 하나님의 자녀가 되도록 복음을 전하는 것만이 내가 평생에 걸쳐서 해야 할 가장 가치 있는 일이라는 생각뿐이었다.

하지만 어려서는 신학을 하여 목사가 되겠다는 생각까진 하지 못했다. 단지 전도하는 사람이 되어야 한다는 생각은 했다. 어쨌든, 어디에서 무슨 활동을 하든, 내 마음에 정한 의도는 대부분 예수님을 소개한다는 것이었다. 이후 IVF(Inter-Varsity Christian Fellowship)라는 선교

단체에서 간사가 되었을 때도, 신학을 하여 전도사와 목사가 된 다음에도 내가 전한 메시지의 첫마디는 "예수님이 누구이시며 어떤 일을 하셨는가"였다. 어떤 집회를 인도하든 가능한 마태복음 1장 21절을 기초로 하여, '자기 백성을 저희 죄에서 구원할 유일한 대속의 구세주'이신 예수님에 대한 내용을 설파하였다.

마1:21　　아들을 낳으리니 이름을 예수라 하라 이는 그가 자기 백성을 그들의 죄에서 구원할 자이심이라 하니라

　　나는 집안 사정으로 고등학교를 서울에서 1년만 다닌 다음, 2학년이 되어선 강원도 인제군에 있는 인제고등학교로 전학하였다. 그 학교 학생들 대부분이 중학생 시절의 친구들이어서 적응하는 데는 어려움이 없었다.

　　나는 인제고등학교에 가자마자 '기독학생회'를 만들었다. 매주 한번 17연대의 군목이신 조용해 목사님을 모시고 방과후에 교실에서 예배를 드렸다. 당시 인제고등학교의 교장선생님은 독실한 불교신자여서 법사처럼 매일 새벽 관사에서 불공을 드리는 분이었다. 나의 기독교 활동이 속으로는 못마땅하셨겠지만, 허락해주신 점은 감사한 일이었다. 덕분에 매주 기독학생회 모임은 꾸준히 이어갈 수 있었다. 그 모임에서 나를 통해 복음의 본질로서 예수님에 대한 설명을 듣고 전도받은 친구가 많았는데, 그중 특히 기억나는 이가 김진현이다. 그는 지금까지 나의 가장 가까운 친구 가운데 하나요 선교의 동역자이다. 강원대학교를

수석으로 입학하고 역시 수석으로 졸업한 다음, 훗날 그 대학의 법학과 교수가 되었을 정도로 수재였다.

기독학생회는 연말에 전방 군인 위문단을 조직하고 주도하여 성탄절에 17연대를 방문하기로 했다. 춘향전을 촌극으로 공연하기 위해 인제장로교회를 빌려 합창과 코미디까지 연습했다. 참가한 학생들 대부분이 원래 교회를 다니지는 않았는데, 위문단 활동을 하는 동안 교회에 나오기 시작하였다. 성탄절이 지난 후에는 40명 이상의 학생들이 예배에 참석하였다.

정학 처분을 받은 학생회장

이듬해인 3학년 때, 나는 전교 학생회장에 선출되었다. 시골에 있는 학교이지만 나름 학교를 규모있게 만들고 싶었다. 불량 학생들이 선량한 학생들을 괴롭히지 못하게 하고, 모든 학생이 반듯한 옷차림을 갖추자는 운동을 펼쳤다. 교복에 붙이는 학교 단추도 똑바로 달고, 목 부분의 흰색 플라스틱 컬러도 반드시 착용하자고 했다. 학생들은 선생님이 아닌 학생회장의 말이라 그런지 대부분 잘 따라주었다.

인제중학교를 함께 다녔던 학생 가운데 한 명이 춘천고등학교에 진학했다가 어떤 문제를 일으켰는지 제적당하고 인제고등학교로 전학하려 한다는 소문이 퍼진 일이 있었다. 나는 교장선생님을 찾아가 그런 학생은 우리 학교에서 받으면 안 된다고 건의드렸다. 교장선생님은 학생이 나설 일이 아니라고 하셨다. 하지만 나는 당돌하게, 교장선생님께 이렇게 말하였다.

"교장선생님께는 인제고등학교가 단지 일시 근무하시는 학교이겠지만, 저희에게는 평생의 모교입니다. 그러니 우리에겐 중요한 문제입니다. 만일 그 학생을 받는다고 하시면, 우리는 수업을 거부하겠습니다."

그러자 교장선생님은 "네가 교장이냐?"며 소리 지르고 화를 내셨다. 사실 그건 학생회장이라 해도 선을 넘은 일이었다. 하지만 나는 반장들을 통해 학생들에게 등교하지 말자고 연락했고, 다음날 전교생이 등교하지 않는 사태가 발생하였다. 결국 사흘쯤 지나 교장선생님이 그 학생을 받지 않겠다고 결정하셨다는 걸 선생님들을 통해 듣고 학생들이 등교하였다. 그리고 일주일 뒤, 학생회장인 나와 부회장이던 김진현은 무기정학 처분을 받았다. 우리 둘이서 '데모'를 주동했다는 '괘씸죄'가 이유였다. 우리가 정학 중일 때, 밤에 우리를 찾아와 격려하셨던 어느 선생님이 학기 중에 다른 학교로 발령받는 가슴 아픈 일도 있었다.

우리는 무려 3개월간 학교를 다니지 못했는데, 교장선생님이 퇴학까지 시키려 하였지만 선생님들의 반대로 퇴학은 면할 수 있었다. 나 때문인지는 모르겠고, 아마도 수재인 김진현 군의 장래를 더 염려하셨을 것이다. 나는 학생회장이었을 뿐, 공부를 썩 잘하는 편은 아니었다.

우리는 퇴학은 면했지만, 출석 일수가 모자라 졸업하지 못할 수도 있었다. 하지만 다행히 선생님들의 배려로 졸업할 수 있었다. 우리의 징계를 담당하셔야 했던 학생과장 선생님은 우리 둘이 강원대학교에 응시하기

고등학생 김병선.

위해 춘천에 갔을 때 선생님의 집에 머물게 하셨고, 사모님도 우리를 따뜻하게 대해주셨다.

나는 사실 고등학교를 졸업하면 대학에 진학하지 않고 강원도의 깊은 산골인 '기린'에 가서 농촌운동을 하고 싶었다. 그래서 계몽을 위한 그림 그리기 연습만 했던 것 같다. 그건 심훈의 소설 〈상록수〉를 읽은 영향이었다. 하지만 고 3 여름방학 때 조용해 군목님께서 "모세처럼 준비되어야 더 귀하게 쓰임받을 수 있으므로 대학에 진학할 것"을 강하게 권면하셨다. 당시엔 예비고사에 합격해야 대학별로 본고사를 치를 수 있었는데, 나는 목사님의 말씀에 순종해서 몇 달간 열심히 공부한 결과 그해 학교에서 예비고사에 합격한 4명의 고3 가운데 포함될 수 있었다.

권찰이 된 고등학생

나는 고등학생 시절에 학교에서는 강한 투사 같은 모습을 보였지만, 교회 생활에서는 전도사처럼 열심을 냈다. 학교를 마치면 때론 교회에 가서 밤늦게까지 있었고, 새벽에는 일찍 일어나 새벽기도회 30분 전에 교회에 가서 종을 치고 겨울에는 난로를 피워두기도 했다. 여름방학 때는 밤늦도록 통성으로 기도하다 예배당 장의자에서 잠을 자기도 하였다.

내가 고등학교 2학년 2학기부터 3학년 1학기까지 약 1년간 다니던 교회에는 목사님이 계시지 않았다. 나는 주일엔 전도한 친구들과 함께 교회 옆에 있는 목사님의 빈 사택에서 모였고, 주일학교는 물론 장년예배까지 인도하기도 했다. 어느 주일에는 내가 장년들의 새벽기도회부터 저녁예배까지 모두 합해 일곱 번이나 설교한 적도 있었다. 그래서인지 3학년이 된 1월 어느 주일엔 노회에서 오신 목사님께서 교회의 직분자들을 임명하실 때, 어른들은 서리집사로, 나와 김광욱이라는 학생 둘은 권찰로 임명해주셨다.

교회 생활이 삶의 전부나 다름없던 나는 기도와 성경 읽기에 힘썼고, 주말엔 주일학교와 학생회를 위한 '말씀' 준비를 했다. 그럼에도 소질이 있었는지 두루마리로 만드는 '성경 이야기 그림' 같은 시청각 자료를 만드는 데에도 시간을 많이 썼다. 3학년 여름방학이 될 때까지, 군목님의 조언을 듣기 전에는 대학 진학을 위한 공부에 별 관심이 없었다. 정학당해 학교에 가지 못했을 때는 오히려 교회 일을 더 많이 할 수 있어서 다행처럼 여겼다.

교회 생활에 그토록 열심을 내다보니 영적 은사를 체험하고 영적으로 교만하기도 했던 것 같다. 한번은 내가 기도하자 위장병으로 고생하며 늘 몸을 쪼그리고 계시던 임기안 집사님이 즉시 숨을 쉬며 일어나더니 병이 나았다고 고백한 일이 있었다. 어느 날엔 젊은 여집사님이 병으로 힘들어 하신다고 하여 그 집 앞에 가서 기도했는데, 이상하게도 그 순간 내게 이런 생각이 들었다. 목사님이 아기에게 유아세례를 줄 때 "하나님께서 귀하에게 맡겨주신 이 아이를 내 아이가 아니라 하나님의 자녀로 알고 양육하겠습니까?" 하시는 말씀이 떠오른 것이다. 그래서 기도를 마친 다음, 그 집에 들어가 이런 말을 하였다.

"혹시 집사님께서 아이들을 하나님의 자녀가 아니라 자기 아이로 생각하는 잘못을 범하지 않으셨어요?"

놀랍게도 그 집사님은 어린 학생의 당돌한 말에 화를 내지 않았고,

그 즉시 회개한다면서 이런 사연을 내게 들려주셨다.

"남편이 바람을 피워 화가 나서 애들과 함께 죽을 생각을 했어. 애들에게도 약을 먹이려 했지."

그 집사님은 후에 건강해졌다고 성도들에게 간증하였다.

02

전도하고, 제자삼고, 선교하고

일찌감치 IVF 간사가 되다

나는 고등학교를 졸업하고서 춘천에 있는 강원대학교 경영학과에 입학하였다. 대학생이 되어서부터 교회에서는 찬양대원으로 예배를 섬기고 주일학교와 학생회의 교사로서 성경을 가르치기도 하였다. 대학교에서는 한국기독학생회(IVF)의 춘천 모임에 열심히 참석하며 적극적으로 활동하였다. 강원도에는 IVF 간사가 없던 시절이어서, 내가 전국 수련회에 참석했을 때 학원 선교사로 임명되었다. 특별한 준비를 하거나 훈련을 받은 것은 아니지만, 열심 때문에 임명된 것 같다. 나로서는 선교사라는 호칭을 처음 받은 것이기도 했다.

IVF의 중심 목표는 EDM으로 축약되는데, 전도(Evangelism), 제자훈련(Discipleship), 선교(Mission)의 영어 약자이다. IVF에서 내가 주로 한 일은 성경을 연구하여 소그룹에서 나누는 것과 전도였다. IVF의 중심 활동 또한 성경 본문을 소그룹으로 연구하는 것이어서, 내 성경 지식의 기반은 대학생 때 만들어졌다고 생각한다.

45명이 모인 IVF 학생 수련회에서 기간 내내 성경만 연구한 적도 있었다. 다른 프로그램은 하지 않고 오로지 성경만 들여다본 것이다. 그 수련회에서는 사도행전을 연구했는데, 누가, 언제, 어디서, 무엇을, 어떻게, 왜 했고 결과는 어떠했는지, 소위 '6하 원칙'에 따라 1장부터 28장까지를 전부 훑었다. 예를 들면 3장에서 베드로와 요한 두 사도(누가)가 미문(어디서)에 앉아 있는 사람을 고친(무엇을) 시간(언제)이 아홉 시이고, 왜(불쌍히 여겨) 고쳤는지, 그래서 어떤 결과(서서 걸으며 사도들과 함께 성전으로 들어가고 하나님을 찬송하다)가 있었는지를 분석해 보는 것이다. 그러고 나니 성경을 읽을 때마다 자동으로 6하 원칙을 적용해서 읽는 습관이 들게 되었다. IVF 출신들은 그런 훈련이 되어서인지 성경의 어디를 보든 그렇게 보게 된다.

IVF는 '학생이 인도하는 운동'(students led movement)이라고 해서, 누구나 성경을 연구하고 사역할 때 윗사람에게 의존하지 않는 것이 또 하나의 특징이었다. 이번 주에 내가 모임을 인도했으면 다음주는 다른 형제가 돌아가며 인도하는 식이다. 그래서 모든 회원에게 성경 전체를 보는 눈이 생겼고, 전체적으로 성경을 아는 지식이 깊어질 수 있었다.

대학을 졸업한 후 신학대학원에 입학했을 때, 나는 주말과 주일엔 교회에서 전도사로 사역하였고 주중엔 서울 신촌 지역 담당 간사로 2년 간 사역했다. 이후 신학교를 졸업할 때까지 2년간 강원 지역의 책임자 가 되어, 도합 4년간 IVF 간사로 사역했다. 서울에서는 연세대학교와 서강대학교와 이화여자대학교를 담당했는데, 연세대학교에서 만난 학 생 중에 특히 기억나는 인물은 철학과 출신으로 학원복음화협의회를 이끈 고직한 선교사다.

이상하게 숙명여대도 내가 맡았는데, 그 학교가 신촌에서 그리 멀지 않고, 이화여대도 담당했기 때문이었을 것이다. 숙명여대에서는 사학 과 윤혜원 교수님이 지도교수로서 훌륭하게 지도해 주셨다. 학생들을 보면 안쓰러워 그러셨는지 기도해 주실 때 울기도 하셨다. 그런 교수님 덕분인지 내가 숙명여대에 간사로 갔을 때 모임이 잘 되었다. 그때는 총각이 여자대학교에 들어가는 게 어색해서 교문 앞에서 쭈뼛거리기 도 했다. 처음 갈 때는 경비원이 "남자가 왜 여대에 들어오느냐?"고 묻 곤 했는데, 내가 IVF 간사이고 성경공부를 인도하러 왔다고 하면 들여 보내 주거나, 학생이 나와 데리고 들어가기도 했다.

강원도에서는 춘천의 강원대학교와 교육대학교, 원주의 상지대학교 와 삼척공업전문대학교까지 아우르며 사역했는데, 특히 내 모교인 강 원대학교에서 후배들을 제자로 양육하는 일에 많은 시간을 썼다. 춘천 에서 함께 사역했던 IVF의 후배들은 남진선(전 인터서브 대표)과 한철 호 선교사(현 미션파트너스 대표) 등 여럿이 있었는데, 그중에 가장 기억 에 남는 이는 내가 경춘선 기차 안에서 전도한 다음 성경을 가르친 유 기남 선교사이다. 그는 나의 강원대학교 경영학과 후배이며, 훗날 합동 신학교를 수석으로 입학하고 OMF 선교사가 되어 일본에서 사역했다. 지금은 알타이선교회 대표이다.

교회 개척에 동참한 대학생

내가 대학교 2학년 때, 겨울방학이 시작될 무렵부터 강원도 인제군 기린면 현리에서 모이기 시작한 교회에 갔다. 당시 기린중학교 교사였던 권서규 선생님이 자기 집에서 가족과 친척들과 몇 명의 성도들과 함께 예배를 드리며 기린장로교회(현재 기린제일장로교회)를 시작하였는데, 내게 함께 해달라고 부탁했기 때문이다. 그 교회의 성도들은 새일교회라는 이단의 가르침이 잘못된 것을 알게 돼 장로교회를 시작하려고 했다. 그래서 아직 신학도 하지 않은 대학생 신분이지만, 교회를 열심히 섬기고 IVF 활동까지 하던 내게 그 교회를 같이 하자고 제안한 것이었다.

교회가 시작될 때는 겨울방학 기간이어서 할 만했지만, 개학을 하게 되자 주중엔 춘천에서 대학교를 다녀야 했으므로 월요일의 수업을 제대로 들을 수 없었다. 매주 토요일에 버스를 타고 현리로 가서 주일과 월요일의 새벽예배까지 인도하고서 학교로 돌아가곤 했기 때문이다. 사실은 버스를 타고 다닐 돈도 없을 만큼 가난했는데, 마침 외삼촌이 춘천에서 홍천까지 오가는 시외버스의 기사여서 홍천까지는 외삼촌 덕을 보았고, 홍천에서 현리까지는 외삼촌이 동료 기사에게 부탁해 공짜로 타고 다닐 수 있었다. 강원노회는 그런 나를 전도사로 임명하고 여비로 매달 2천 원씩 후원하기로 결정하였다. 하지만 학생 신분이던 나는 기린교회를 계속 섬길 형편이 되지 못해, 얼마 되지 않아 다른 분이 그 교회를 인도하게 되었다.

노회에서 나를 전도사로 임명할 때 양구남면교회를 목회하시던 유영우 목사님을 만났는데, 그 분이 양복에 붙이고 다니던 금십자가를 선뜻 떼어 내게 주셨다. 그걸 팔아 신학 서적을 사서 설교 준비에 사용하라는 것이었다. 그 분의 양복은 하도 다림질을 거듭해서 닳아버려 반짝거릴 지경이었는데, 아직 신학교를 다니기도 전이던 내게 너무나 큰 희생과 나눔을 가르쳐주신 셈이다. 안타깝게도 수년 뒤에 영양실조로 인한 병으로 소천하셨다는 소식을 들었다. 내게는 지금도 프란체스코나 테레사보다 더 존경스러운 주님의 종으로 기억되는 분이다.

나는 대학생 시절부터 교회 개척에 참여했을 정도로 학과 공부보다 IVF와 교회 활동에 시간과 노력을 더 많이 쏟곤 하였다. 3학년과 4학년 때는 IVF 학생들의 봉사 활동으로, 춘천 소양댐 쪽으로 다리 건너의 우두동에 있는 초등학교 교실에서 하는 야간 재건학교에서 국어를 가르쳤다. 다니던 춘남교회에서는 학생회를 지도하였다.

당시 나의 교통수단은 낡은 자전거였다. 어느 날 자전거를 타고 가는데, 앞에 가던 버스가 갑자기 속도를 줄이더니 방향을 틀어 길옆의 주유소로 들어가는 바람에 순식간에 길이 막혔다. 하지만 내 자전거는 하도 낡은 것이어서 브레이크가 잘 듣지 않아 그만 넘어지고 말았다. 그래도 그런 자전거를 타고 다닐 때 늘 받은 놀라운 은혜는 날씨였다. 비가 오는 날에도 자전거로 학교나 교회로 가는 동안엔 비가 멈추곤 하였다. 그 은혜는 대학을 졸업할 때까지 2년가량 계속되었다. 비가 내려도

"하나님, 저 출발합니다!"라고 외치면 놀랍게도 즉시 멈추곤 했다. 지금 생각해도 신기한 일인데, 그때는 하나님께서 그토록 단순하게 내 기도에 응답해주셨다.

의암댐 옆으로 난 산길을 30분쯤 올라가야 하는 삼악산 기도원에서 열리는 수련회에 참석하기 위해 버스를 타고 갔을 때도 그런 기적이 있었다. 기도원 입구에서 내리려는데, 차장이 "비가 오는데 우산도 없이 산을 오르려 하느냐"고 염려해주었다. 나는 "내가 내리면 비가 멎을 것"이라고 자신하였다. 하나님께서 살아계시니, 언제나 그랬듯이 나를 비에서 보호해주실 것이라고 굳게 믿었기 때문이다. 그때는 그런 믿음으로 '내가 못 할 게 뭐가 있는가?'라고 생각하곤 하였다.

우리 속담에 "무식하면 용감하다"는 말이 있지만, 그때는 믿음이 강해서 용감했다기보다 그저 단순했던 것 같다. 그래도 하나님께서는 내 기도를 단순하게 들어주셨다. 정말 비가 멎었고, 내가 기도원에 도착하기까지 30분간 비가 내리지 않았다. 더 이상한 일은, 나보다 10분쯤 뒤에 그 산을 오른 다른 학생들은 계속 비를 맞았다는 것이다. 사실 그들과 나는 거의 동시에 산을 오르고 있던 셈인데, 그들은 비를 맞고 나는 맞지 않았다는 건 놀라운 일이었다.

굶식을 자주 한 전도사

강원대학교를 졸업한 1975년부터는 서울로 올라와 총회신학교 신학연구원(현재의 총신대학교 신학대학원)에서 신학을 공부하면서, 동시에 IVF 본부 간사로서의 사역을 시작하였다. 당시 IVF 본부의 사역자는 김영철 총무, 송인규 간사, 그리고 나 셋뿐이었다. 원래 정옥숙 간사라는 여성 사역자가 있었지만, 그때는 필리핀에서 사역하고 있었다.

IVF 간사로서 사역할 때는 더 가난했다. 사례비라고 딱 한 번 받아보았고, 여비라고 2천 원 정도를 몇 번 받기도 했다. 돈이 없으니 정말 자주 굶었다. 그래서 그때는 금식이라고 말하지 않고 '굶식'이라고 했다. 금식은 돈이 있어도 기도하느라 먹지 않는 것이지만, 굶식은 돈이 없어서 못 먹는 것이다. 그래도 그때 재미는 있었다. 차비가 없어서 IVF 사무실이 있던 서대문에서 신촌의 캠퍼스까지 굶은 채로 걸어 다니곤 했지만, 그럼에도 불구하고 위축되지 않고 사역을 감당하며 학생들을 만난 그때가 내 삶에서 가장 아름답게 기억되는 한 토막이다.

신학대학원에 다니던 첫해 4월부터는 내수동교회의 주일학교 교육전도사가 되어 유초등부와 학생회를 담당하였다. 그야말로 IVF 간사 겸 신학대학원생 겸 교육전도사까지 담당하는 1인 3역을 동시에 하는 삶은 몹시 부담스러웠다. 신학교의 1학년 1학기를 마친 다음 1년간 휴학하기도 했다. 내수동교회에서는 1977년 7월까지 2년 4개월간 사역했는데, 성경을 사랑하고 오직 말씀 중심으로 설교하시는 박희천 담임목사님께 직접 많은 교훈과 영향을 받은 기간이었다.

선교단체 간사와 교회 전도사를 겸한 삶이 힘들긴 했지만, 그 시절을 견딜 수 있었던 건 주말에 내수동교회 전도사로 사역하면서 받는 사례비 덕분이었다. 한 달에 2만 5천 원을 받았는데, 그걸로 사당동 기숙사에서 한 장에 130원 하는 식권을 한 달치 샀다. 그걸 혼자 먹으면 되는데, 기숙사의 방 하나를 같이 쓰는 4명 중에서 한 명이 전도사 사역도 못하고 있어서 맨날 굶었다. 그를 두고 혼자 먹기 그래서 그의 책상 서랍에 식권을 몇 장 넣어주었는데, 월말이 다가오면 내가 먹을 게 없었다.

신학교에서는 기숙사 사생회가 식당을 운영했는데, 학기 말이 가까워지자 남은 식권을 반납하라는 광고를 붙였다. 사놓고 쓰지 않은 건 환불해주지만, 그 뒤엔 돌려주지 않으니 종이 조각이 되고 만다는 뜻이었다. 하지만 같은 방의 더 가난한 전도사에게 식권을 나눠주었던 나는 식권이 떨어졌다고 생각하고 있었다. 기말고사를 보는 날까진 식권이 있어야 밥을 먹는데, 없어서 굶으며 시험을 쳤다. 마지막 시험을 치르고 기숙사에서 나가려고 옷가지를 정리하는데, 점퍼의 안 주머니에서 식권 두 장이 나오는 게 아닌가? 넣어놓고서 잊어버린 것이었다. 얼마나 허탈하고 약이 오르던지….

내가 신학생일 때 두 끼까지는 굶어봤는데, 하나님께서 세 끼를 계속 굶게 하지는 않으셨다. 아침과 점심을 굶은 날 오후에는 꼭 누군가 찾아오곤 했는데, 한번은 내수동교회의 문 집사라는 분이 기도해달라고 나를 찾아왔다. 그럴 때면 기도가 더 간절해졌다. 그 분도 가난했는데, 돌아가실 때 5만 원이나 든 봉투를 쥐어주셨다.

한번은 내수동교회에서 주일에 사역한 다음 동료 전도사와 함께 기숙사로 돌아가는 길에, 사당동을 지나 봉천동에 있는 식당 생각이 났다. 요즘 말로 가성비가 좋아 신학생들에게 소문난 식당이었다. 꽁치구이 하나가 나오는 백반집인데, 얼마나 맛있었는지 금세 먹어 치우곤 했다. 늘 아쉬웠다. 지금 같으면 "한 마리 더, 밥 한 공기도 더 주세요" 하고 돈을 조금 더 내면 되는데, 그때는 그럴 여유가 없었다. 나만 그랬던 게 아니다. 그때 전도사들은 다 그렇게 가난을 견뎠다. 그래도 그 시절이 하나님을 제일 순진하게, 열심히 섬겼던 때였던 것 같다.

당시엔 전도사 한 명이 걸어가면 미래의 교회가 하나씩 걸어간다고 했다. 당연히 우리는 신학교를 졸업하면 다 교회를 개척하는 걸로 알았다. 또한 교회를 개척하면 '무조건 된다'고 생각했다. 요즘엔 그런 생각을 하기 어려워 안타깝다. 모든 면에서 돈이 더 들기도 하지만, 교회 개척이 그저 어려운 상황이라고 생각하는 것 같다. 선교는 더 어렵다. 세상이 이렇게 달라졌다. 목회와 선교 환경이 왜 이렇게 되었을까?

내 믿음이 약해질 때

나는 대학교를 다닐 때와 간사로 일할 때, 앞에서 이야기한 것처럼 굶는 일은 다반사였고 차비도 없어 걸어 다니기도 했다. 하지만 그때는 젊어서 그랬는지 몰라도 크게 걱정하지는 않았던 것 같다. 그때에 비하면 지금은 굉장한 부자가 됐다. 공부도 많이 했고 머릿속도 많이 채워졌다. 후원금도 초년의 선교사 시절보다 많아졌다. 하지만 오히려 걱정할 때가 더 많다. 믿음도 그때만큼 단순하지는 않은 것 같다. 결국 채워주시는 하나님의 은혜를 평생 체험하고 살았으면서, 날이 갈수록 믿음이 좋아지기는커녕 걱정과 염려가 '창조'되는 것 같다.

솔직히 말하면, 나는 지금도 종종 걱정하곤 한다. 다음 달에 주어야할 미전도종족 사역자의 사역비가 부족할 때 '무엇으로 채워줄 수 있을까' 하는 걱정은 그래도 면이 설 만한 것이다. 나의 일용할 양식과 건강 같은 기본적인 것에 대해서도 불쑥 걱정이 들곤 한다.

누구나 자신에게 결핍과 부족이 있을 때, 예를 들어 실직하거나 통장의 잔고가 바닥을 보일 때, 하나님을 간절히 바라기 전에 두려운 마음부터 들 수 있다. 하는 어떤 일이 잘되면 '살아계신 하나님께서 나를 지켜주신다'라고 생각하지만, 반대로 간혹 하려는 일이 잘되지 않아서 실망할 때가 있다. 이런 걸 보면 우리가 얼마나 이기적이고 연약하며 믿음이 없는 자들인가?

내가 모든 면에서 어릴 때는 하나님께서 살아계시고 나를 사랑하신다는 걸 자전거를 타고 다닐 때 비를 멈춰주신 기적 같은 것으로 보여주셨던 것 같다. 하지만 신앙생활을 한 지 오래되고 장성한 다음에도 '하나님께 같은 방식의 기적을 기대하면 되겠는가'라는 생각을 할 때가 있다. '이제는 그런 기적 없이도 믿을 수 있다'는 영적 교만이 생긴 것인지 모르겠다.

시간이 흐를수록 드는 확신은 "하나님은 '그리 아니하실지라도' 여전히 살아계신 분"이시라는 사실이다. 비가 오기를 바라든 그치기를 바라든, 하나님께서 살아계신 사실은 전혀 변함이 없다. 그렇다면 이제는 상황과 환경이 어떻게 변하든 믿음을 잃지 말아야 한다. 하지만 정말 그런가? 오래 믿었다면서, 왜 지금도 염려하고 걱정하는가? 그 이유가 하나님의 뜻에는 관심이 없고, '내 뜻대로 되지 않기 때문'은 아닐까, 하는 생각이 든다.

하나님께서는 내가 믿음이 약해질 때, "내가(하나님이) 살아있다면 네(나의) 상황과 환경이 어떻게 변하든 무슨 상관인가? 네(나의) 뜻대로 되지 않으면 나를(하나님을) 부인할 것인가? 내가(하나님이) 살아있음을 믿는다면, 지금은 왜 기적을 부인하는가?" 하는 음성을 들려주곤 하신다.

그래서 나는 살면서 어려운 순간에 부딪힐 때면 비를 멈춰주셨던 하나님을 다시 기억해낸다. 브레이크가 망가진 낡은 자전거를 타고 다니면서도 아무 걱정하지 않았고, 심지어 비가 와도 하나님을 믿고서 무식하리만치 담대하고 과감하게 다녔던 시절을 생각하는 것이다. 돈이 없어서 학비 걱정을 했을 때, 채워주셨던 하나님의 살아계심을 기억하면 염려할 것이 하나도 없다. 내리는 비에 아랑곳하지 않고 자전거를 타고 다닐 때나 지금이나, 어려울 때나 여유가 생겼을 때나 살아계신 하나님은 여전히 같은 분이시기 때문이다. 그 하나님께서는 지금도 기적을 행하실 수 있다! 정말로 그러하시다. 아멘.

내가 강원대학교 3학년 1학기 등록금을 내야 했을 때, 인제고등학교 후배인 심 군이 독학으로 재수를 하여 기특하게도 부산대학교 조선학과에 합격했다는 소식을 들었다. 하지만 등록금을 마련하지 못해 진학하지 못하게 됐다는 소식도 함께 들었다. 나는 기말고사 전까지 후불로 등록금을 내기로 하고, 대신 내가 부모님께 받은 등록금을 그 후배에게 주었다.

기말고사가 다가오자, 나는 완불해야 할 등록금 때문에 마음을 졸여야 했다. 그러자 내가 고등학생 때 전도한 친구 김진현 군이 놀라운 제안을 하였다. 강원대학교를 전체 수석으로 입학하여 졸업할 때까지 수석을 놓치지 않은 그가 '한미재단장학금'을 받았는데, 그중에서 일부를 내게 주고 싶다는 것이었다. 나는 하나님께서 필요한 때에 정확하게 채워주시는 것으로 믿고, 그가 준 돈으로 등록금을 완불하고 기말고사를 치를 수 있었다. 나누는 것을 기뻐하시는 하나님께서 나의 필요를 채워주시는 걸 체험하여 얼마나 기뻤는지 모른다.

이제 와서 생각하니, 우리가 머리로 '무엇이 될까, 안 될까'를 따지는 건 오히려 하나님의 역사를 가로막는 것 같다. 하나님의 뜻이 아니라 내 뜻이 이뤄지느냐 않느냐를 따지는 것일 때가 더 많기 때문이다. 그런 믿음은 단순한 것이 아니다.

내 삶을 돌아보아도 믿음이 단순했을 때 하나님께서 나를 더 자유롭게 쓰시고 역사하셨다. 다만 지금은 비가 오면 차를 타지 자전거를 타진 않는다. 그래서인지 그때 경험한 하나님의 특별한 은혜를 이제는 경험하지 못하는 것 같다.

03

예수사랑! 사람사랑!
예수증거!

굶을 때, 더 은혜롭다

서울 IVF에서 사역하던 어느 날의 일이다. 서대문 미동초등학교에서
사무실 쪽으로 육교를 건너가는데, 어떤 할아버지 거지가 엎드려서 손
을 내밀고 있었다. 안 돼 보였다. 마침 주머니에 500원짜리 동전이 하
나 있었다. 그날 서강대학교에 가서 성경공부를 인도하고 점심과 교통
비에 쓸 돈이었다. 100원짜리로 5개였으면 100원만 줄 수도 있었는
데, 하필 500원짜리 하나라는 게 문제였다. 불쌍해서 도와줘야겠다는
생각은 들었지만, 있는 동전을 주고 나면 점심 먹을 돈도 학교로 돌아
갈 돈도 없게 된다. 그래서 주지 않고 육교를 건너갔는데, 내 마음에 하

나님께서 하시는 음성이 들렸다.

"너 내가 그 돈 주라고 하는데 왜 안 주냐? 그 사람 불쌍하잖아."

"제게 500원짜리밖에 없잖아요. 그걸로 오늘 점심 사 먹고 서강대에도 가야 하는데요."

"그래도 내가 주라고 그랬으면 줘야지."

그때 얼른 머리에 떠오르는 '아이디어'가 있었다. 사무실에 돌아가면 학생들이 전화를 쓸 때마다 동전을 넣는 통이 전화기 옆에 있으니 그 안의 돈을 오늘만 빌려 쓰기로 하고, 우선 내 돈은 할아버지에게 주면 되겠다 싶었다. 그래서 다시 육교로 올라가 할아버지에게 돈을 주고 사무실에 가보았다. 그런데 그날따라 그 통에 돈이 한 푼도 없었다. '돈통부터 확인해볼 걸 그랬나' 하고 후회했지만, 이미 어쩔 수 없게 되었다. 서강대까지는 사무실에서 멀지 않으니 걸어가면 되겠다 싶어 서둘러 가서, 그날은 점심을 굶은 채로 성경공부를 인도했다. 그날 말씀 본문이 시편 121편이었던 걸로 기억한다.

시 121:1-2   내가 산을 향하여 눈을 들리라 나의 도움이 어디서 올까 나의 도움은 천지를 지으신 여호와에게서로다

배가 고플 때 이 말씀을 전하니 더 은혜롭게 전할 수 있었다. 이상하게도 굶을 때는 말씀이 더 은혜로웠다.

그날 공부를 마친 다음, 나보다 나이가 많은 어떤 복학생이 "상담할 것이 있으니 시간을 좀 내달라"고 했다. 저녁도 사겠다는 것이었다. 마

다할 이유가 전혀 없었다. 무슨 이야기를 나눴는지는 기억나지 않는다. 서강대학교 앞에 있는 중국집에 가서 저녁을 잘 얻어먹었다는 기억은 분명히 난다.

나는 그와 헤어지면서, 숙명여대 입구를 거쳐 사당동으로 가는 버스를 탔다. 요즘 같으면 어림없지만, 그때는 차장에게 사정해서 무임승차를 할 생각이었다. 그런데 그 복학생이 나와 같은 버스를 타는 것이 아닌가! 버스는 광화문과 서울역을 지나 용산 쪽으로 달려가고 있었고, 나는 차비 생각에 목이 바짝 탔는데, 내 사정을 알 리 없는 복학생은 자기가 하고 싶은 말만 계속하였다. 그가 버스에서 한 말 역시 기억나지 않는데, 숙명여대 입구 정류장에 내리면서 외친 그의 이 말만은 절대 잊을 수 없다.

"간사님, 차비도 제가 내고 가요!"

청년 시절의 내 삶은 그토록 가난했지만, 가장 순수하게 사역했던 때가 IVF 간사로서 일했던 기간이었다고 기억한다. 형제들과 자매들을 즐겁게 방문했던 그 시절이 내 생에서 가장 아름답게 기억된다. 그래서 내가 군목이 되고 선교사가 된 다음에도, 담임목회를 하던 중에도, 다시 선교지로 돌아와서도 꾸준히 정하고 이행하는 원칙 두 가지가 있다. 하나는 내가 간사 시절에 너무 힘들었기에, 비록 적은 금액이긴 하지만 IVF 출신들이 졸업하여 조직한 학사회를 통해 IVF 간사를 후원하는 것이다. 또 하나는 IVF가 나를 강사로 초청하면 선약이 없는 한 거절하지 않고 강사료도 받지 않는 것이다. 딱 한 번, 본의 아니게 그 원칙을 어긴 적이 있다. 내수동교회에서 목회하던 시절에 부목사와 함께 IVF에 강의하러 갔는데, 주최 측에서 그 부목사에게 사례비를 주어 나도 모르게 받아온 것이다.

IVF 간사를 겸했던 경험은 교회의 목회와 청년 사역에도 영향을 끼쳤던 것 같다. 교회 밖에서 후원자 없이 분투하는 기독 대학생 운동을 교회 안에서 진행한다면 매우 효과적일 것이라는 생각이 들었다. 그래서 내수동교회에서 사역할 때 박희천 목사님께 하나의 부서로서 대학부를 만들 것을 제안드렸다. 마침 그 무렵은 같은 교단에 속한 중구 회현동의 성도교회에서 옥한흠 전도사님이 방선기, 박성수, 한정국과 같은 대학생 리더들과 함께 대학부를 부흥시켜 장안의 화제가 되던 때이기도 했다. 성도교회 대학부의 슬로건은 세계 선교, 학원 선교, 직장 선교 등 3가지였는데, 옥한흠 목사님은 훗날 사랑의교회를 목회했고, 방선기 형제는 직장 사역으로 유명한 목사가 됐다. 박성수 형제는 직장 선교의 비전을 따라 이랜드라는 대기업을 세웠다. 한정국 형제는 세계 선교의 비전대로 인도네시아 선교사가 됐다. 그런 교회의 영향도 있었겠지만, 어쨌든 당시에 대학부는 청년 사역의 핵심 키워드였다. 교회 내에 대학부를 만드는 것은 70년대 교회들의 최대 관심사였다.

나는 내수동교회의 대학부를 지도할 담당 전도사로 함께 IVF 간사를 하고 있던 송인규 형제를 추천하였다. 그의 설교는 탁월했다. 내수동교회 대학부의 초기 학생 리더였던 오정현(현재 사랑의교회 담임)의 지도력도 한몫을 했던 것으로 평가된다. 박희천 목사님은 내수동교회 대학부의 성장 요인으로 송인규 간사의 말씀 증거와 서글서글한 친화력으로 청년들을 끌어모은 오정현의 성품을 꼽곤 하셨다.

내 인생 최고의 가치관

내가 전도사 시절과 IVF에서 학생 간사로 사역할 때 힘들고 배도 고팠지만, 내 마음을 언제나 지배했던 것은 돈이 아니라 영혼 구원이었다. 돈이 없다고 해서 사역이 위축된 적은 없었다.

내가 IVF에서 간사로 활동하기 시작한 젊은 시절부터 인생의 좌우명이자 구호처럼 외치고 다닌 말이 있다. 바로 이것이다.

"예수 사랑! 사람 사랑! 예수 증거!"

이 모토는 지금까지 40년을 선교사로 살아오면서 오직 하나님의 영광과 그의 나라가 이 땅에 이뤄지기를 바라는 마음과 함께 내 인생 최고의 가치관이 되었다. 예수님이 나를 사랑하시기에 예수님을 사랑하며, 그분이 사랑하시는 사람을 사랑하며, 그 구체적인 사랑의 행위로써 예수님을 증거하는 것을 내 삶의 중요한 목적으로 삼은 것이다.

선교사가 된 후에, 나의 정체성을 이렇게 써보았다.

"하나님의 영광에 대한 열정에 사로잡힌 세계를 품은 그리스도인!"
(World Christian with a Passion for the Glory of God!)

이것이 내 삶의 목표이자 표어이다. 선교사로서 내 인생을 요약하는 문장이며 나의 비전이기도 하다. 이 비전의 범위는 전세계이다. 내 마음을 지배하는 것이 하나님의 영광에 대한 열정이기를 늘 기도한다. 또한 이와 같은 고백을 할 수 있는 주님의 제자들을 가르치고 양육하는 것이 선교사로서의 내 사명이다. 그래서 내 삶의 기초로 삼은 성경 구절은 이것이다.

롬 14:7-8 우리 중에 누구든지 자기를 위하여 사는 자가 없고 자기를 위하여 죽는 자도 없도다 우리가 살아도 주를 위하여 살고 죽어도 주를 위하여 죽나니 그러므로 사나 죽으나 우리가 주의 것이로다

그리고, 내 삶을 통해 늘 하나님께서 영광을 받으시기를 원한다.

시 108:5 하나님이여 주는 하늘 위에 높이 들리시며 주의 영광이 온 땅에서 높임 받으시기를 원하나이다

하나님께서 구약성경에 약속하신 말씀, 곧 예언과 선언의 형태로 알려주신 말씀들 또한 세계 모든 나라의 모든 종족에게 하나님의 영광이 나타나는 것을 말하고 있다.

합 2:14 이는 물이 바다를 덮음같이 여호와의 영광을 인정하는 것이 세상에 가득함이니라

말 1:11 만군의 여호와가 이르노라 해 뜨는 곳에서부터 해 지는 곳까지의 이방 민족 중에서 내 이름이 크게 될 것이라 각처에서 내 이름을 위하여 분향하며 깨끗한 제물을 드리리니 이는 내 이름이 이방 민족 중에서 크게 될 것임이니라

신약성경에서도 예수 그리스도의 구속으로 사죄받고 구원받는다는 내용의 천국 복음이 세계 모든 종족에게 전파되면 주님께서 영광중에 재림하시고, 유형적으로 영원한 하나님의 나라가 완성될 것이라고 말씀하신다. 그래서 내 사역의 방향을 지시하는 성경 구절은 이것이다.

마 24:14 이 천국 복음이 모든 민족에게 증거되기 위하여 온 세상에 전파되리니 그제야 끝이 오리라

세상의 창조주이시며 주권자이신 하나님이 계획하시고 목적으로 삼으신 것은 모든 민족 가운데에서 사람들을 예수 그리스도의 대속 사역을 통해 구원하여 하나님의 백성이 되게 만드시는 것이다. 모든 종족에게 예수님의 십자가 구원과 부활, 승천과 재림에 관한 천국 복음이 전파되면 왕의 귀환으로서 세상 끝날이 도래할 것이다. 그 정확한 때와 기한은 우리가 알 수 없지만, 분명한 사실은 예수님이 왕으로서 재림하시면 유형적인 하나님 나라가 온전히 도래하고, 그리스도가 영원히 다스리시는 영광스러운 나라가 시작될 것이다.

그러므로 아직 복음을 듣지 못한 미전도종족에게 전도하는 사역은 선교의 중심으로서 예수님의 재림을 준비하는 일이다. 그래서 선교사로서 내 사역의 핵심이 바로 미전도종족 선교인 것이다. 이것은 나와 같은 선교사만의 일이 아니다. 지상 교회의 모든 성도들에게 가장 중요한 사명이며, 모든 관심과 노력의 중심이 되어야 한다.

나의 신앙 관점과 사명

이참에 나의 신학과 신앙의 관점을 소개하고 싶다.

첫째, '성경관'이다. 성경은 영감된 무오한 하나님의 말씀으로 절대 진리이다(딤후 3:16). 성경의 중심 주제는 예수 그리스도께서 이루시는 영원한 하나님 나라의 성취에 관한 것(마 24:14)으로, 그리스도의 고난과 부활, 그리고 세계선교이다(눅 24:44-48).

둘째, '신관'이다. 세 인격을 가지신 삼위일체 하나님은 만물의 창조자이시며 주권자로서, 거룩하신 절대자이시다.

셋째, '기독론'이다. 예수 그리스도는 성육신하셔서 인성을 취하신 하나님으로서, 우리의 죄를 대신 벌 받으심으로 믿는 자들을 구원하시는 구주이시며, 보좌 우편에 계시다가 다시 오셔서 영원히 통치하실 왕이시다.

넷째, '성령론'이다. 성령은 존귀, 영광, 능력의 모든 면에서 성부 하나님과 성자 예수님과 동일한 속성을 가지신 하나님이시다. 편재(遍在)하시지만 우리 속에 내주(內住)하시며, 우리를 거듭나게 하셔서 새 생명(중생)을 주시고, 예수님의 성품(열매)을 닮아가게 하시고, 각종 필요한 능력(은사)을 주셔서 사역을 행하도록 인도하신다.

다섯째, '역사관'이다. 주권자 하나님의 영원한 목적은 성경에 예언된 대로 완전하게 성취될 것이다(사 14:24). 전 세계 모든 역사 속에서 이루어지는 크고 작은 일들은 다 하나님의 전지전능하신 주권적 섭리 가운데 되는 일들이다. 나 개인과 관계된 모든 것도 하나님의 주권 속에 포함되었다.

여섯째, '선교관'이다. 성경 전체에서, 특별히 분명하게 가르쳐주신 예수님의 말씀 중에서 요약적 결론인 선교의 위임령(마 28:18-20)에서 말씀하신 선교의 대상은 '온 천하, 만민, 모든 족속(민족)'이다. 지시하신 사역은 '복음을 전파하라(타민족 전도)'와 '제자를 삼으라(타민족 제자훈련)'이다. 우리는 예수님이 마지막 분부(위임령)로 말씀하신 그대로 순종해야 한다. 내가 이를 위해 미전도종족 전도를 통해 토착교회를 세우는 교회개척(Church Planting)을 하는 것이고, 이와 병행하여 모든 종족이 다 복음을 듣게 만드는 목표의 완성을 위해 선교지의 사람들도 선교 사역의 일꾼으로 훈련하는 타민족 제자훈련(Mission Planting) 사역을 하는 것이다. 나는 이 사역들이 주님이 다시 오시는 그날까지 발전적으로 전개될 수 있도록 다음 세대의 선교 일꾼들을 준비하는 노력에 집중한다. 그래서 모든 민족이 천국 복음을 듣게 되면 우리의 왕 예수님이 다시 오시고, 영원한 하나님 나라가 유형적으로 도래할 것이다.

일곱째, '사명'이다. 이것은 주권자 하나님의 목적에 맞춘 나의 존재의 목적으로서, 아직도 남아 있는 미전도종족들에게 다 복음이 증거되게 만들어서 하나님의 이름이 높임을 받으시게 하는 것이다(시 108:5). 나는 이 사명에 이끌리는 삶을 살도록 노력한다(행 20:24).

나의 사명은 나를 지으시고, 구원하신 하나님께서 나에게 기대하시는 나의 존재 목적이다. 그러므로 사명은 나의 생명보다 더 귀중한 가치를 지닌 것으로서, 나 자신의 모든 것을 지배하는 삶의 방향이며 나침반이다. 이 사명은 내가 결정하는 것이 아니라 하나님이 정해주신 것으로, 나에게 사명을 가장 분명하게 보여주는 지침은 성경 말씀과 내게 주신 재능과 은사, 그리고 삶을 인도하시는 하나님의 손길이다.

성경은 하나님께서 원하시는 하나님의 계획과 목적을 내게 알려주는데, 그것을 위해 내게 어떤 재능과 은사를 주셨는지를 살펴보면 그 사명과 목적의 성취를 위한 나의 역할을 알 수 있다. 하나님의 주권 가운데에서 내 삶의 여정을 뒤돌아보면 나를 빚어오신 하나님께서 내게 하라고 하시는 하나님의 뜻이 무엇인지 발견할 수 있다. 하나님께서 내게 맡겨주시는 그 일이 나의 사명이다.

04

나를 선교사로 부르신
주님의 인도

"네가 가라, 선교지!"

1977년 8월, 나는 KIM(Korea Intenational Mission) 선교회가 수원에 있는 말씀의 집에서 개최한 하기선교대학원(SIWM : Summer Institute of the World Mission)에 참석하고 있었다. 그때는 교회 사역은 안 하고 있었고, IVF 간사로서 대학생 그룹을 인도하는 사역만 하고 있었다.

첫 주간의 강의 중에 이슬람 선교에 대한 내용이 인상적이었다. 당시 전세계 인구의 6분의 1 가량이 이슬람 교도인 무슬림인데, 그들을 위한 사역자가 전세계에서 적게 잡으면 50명이고, 많아야 100명 정도밖에 되지 않는다는 정보를 강의 중에 들었다. 그렇게 된 까닭은 전도자가 이슬람 지역에 가더라도 열매를 맺기 어렵기 때문이라고 했다. 달걀로 바위를 치는 것 같고, 선교사의 무덤이라는 표현도 들었다. 어쨌든 선교의 목적과 다르게, 선교사들이 무척 불공평하게 배치돼 있는 것 같아 안타까웠다.

나는 신학교를 다니면서 군목 시험에는 합격해 두었기에 졸업하면 군목이 될 예정이었다. 제대하고 나면 어디로든 보내시는 사역지로 간다는 생각은 하고 있었다. 하지만 이슬람 선교는 전혀 관심이 없었다. 내가 갈 곳이 선교지라는 생각도 아직 하지 않고 있을 때였다. 당시 한국교회의 분위기는 선교에 거의 관심이 없는 편이기도 했다. 그런 참에 들은 이슬람권 선교의 현실은 내게 의분 같은 걸 일으켰다. 의분의 결론은 이랬다.

'우리나라만 해도 목사가 이렇게 많은데, 선교사가 되겠다는 사람은 왜 이리 없는가? 왜 이슬람권에서 일하는 사람은 이렇게 적은가? 만약 내가 선교지로 사람을 보낸다면 우선 이슬람권에 보내야겠다.'

하기선교대학원은 두 주간의 단기 프로그램이었는데, 한 주간의 일정이 끝나자 목사와 전도사들은 각자의 사역지로 흩어졌다. 외국에서 온 참가자들과 나를 비롯한 일부만 숙소에 남아 있었다. 나는 토요일 밤에 혼자 침대에 누워 한 주간 동안 들은 강의를 복기했다.

'어떻게 하면 이슬람 지역에 사역자를 보낼 수 있을까?'

문득 내가 인도하던 모임들 중에 의과대학과 간호대학 학생들이 모인 '메디컬 크리스천 펠로우십'(Medical Christian Fellowship)이 떠올랐다.

'만일 그들 중에서 이슬람권의 나환자촌에 갈 수 있는 의료선교사를 모집할 수만 있다면 복음 전도의 기회를 만들 수 있지 않겠는가!'

복음 전도가 어려운 이슬람 지역에서도 나환자촌에서 사역하는 의료선교사는 쫓겨나지 않고 사역하고 있다는 정보를 들었기 때문이다. 그때만 해도 선교단체 간사가 하는 말이라면 대학생들이 잘 들어주는 분위기가 있었다. 내가 '가라'고 하면 들을 것 같았다.

그때 갑자기, 성령께서 내게 이런 말씀을 하시는 걸 영적 음성으로 들었다.

"네가 지도하는 의과대학 학생들이 아니라 너 자신이 가라."

'이게 무슨 말씀인가?'

의아했다. 나는 의사가 아니다. 그럼 이제라도 의과대학에 가란 말인가? 의대에 들어갈 실력도 자질도 내겐 없다. 불가능한 일이다.

나는 침대 위에서 옆으로 누워 손바닥을 위로 치켜올리며, 마치 성령님의 지시를 받아들일 수 없다는 듯 거부하는 몸짓을 했다. 하지만 "네가 가라, 이슬람권" 하시는 성령님의 음성은 더 크게 들렸다. 그럴수록 내 손짓은 거세졌다. 야곱이 천사와 씨름했던 모습이 그랬을까? 나는 성령님과 실랑이를 벌이다 잠이 들었다.

순진하고도 무거운 다짐

나는 그 선교 훈련을 받기 전인 7월까지 내수동교회에서 전도사로 사역하다가 사임하였다. 사역하는 교회가 없어지니 다음날이 주일이어도 딱히 갈 교회가 없었다. 그날은 마침 내수동교회의 어느 장로님 부탁으로 쓴 논문을 전달하기로 한 날이었다. 그 장로님을 만나기로 한 곳은 서울 동대문구 이문동의 외국어대학교 앞이었다.

'오전에 일찍 가서 주일예배는 그 대학교 근처 교회에서 드리고, 오후에 전달해드리면 되겠다'고 생각하며 수원의 숙소를 나섰다. 마침 말씀의 집에서 같이 훈련받던 외국인들이 서울역 근처에 있는 후암교회에서 주일예배를 드리기로 했기에, 그들과 함께 지하철을 탔다. 그 외국인들을 안내하는 전도사님이 한 분 계셨는데, 그가 전철이 서울역에 도착하기 전에 내릴 준비를 하라는 말을 미리 하지 않았다. 그래놓고 문이 열리자 뒤늦게 내리라고 소리치며 자기만 내려버리니, 엉겁결에 외국인들 중 일부가 나와 함께 지하철에 남게 되었다. 나는 길을 모르는 외국인들을 외면할 수 없는 입장이 됐다. 할 수 없이 다음 시청역에서 내려 반대편 전철을 타고, 다시 서울역에 가서 그들을 후암교회까지 안내해야 했다. 그렇게 되니 어쩔 수 없이 그들과 함께 후암교회에서 주일예배를 드리게 됐다.

그날 후암교회의 주일 설교자는 하기선교대학원에 강사로 오셨던 웨일리 박사(Dr. Whaley, 시카고 무디 신학교의 선교학 교수)였다. 그가 이상하게도 설교를 하다 말고 이런 말을 하였다.

"하나님께서 지난 밤에 여기에 있는 당신들 중에 누군가를 이슬람 지역을 위한 선교사로 부르셨습니다. 그 분은 자리에서 일어나십시오."

하지만 아무도 일어나지 않았다. 나는 당황스러웠다. 지난 밤에 이슬람권 선교로 나를 부르시던 성령님의 음성이 떠올랐기 때문이다. 설교자의 말이 바로 나를 향한 부르심인 것을 부인할 수 없었다. 나는 계속

해서 일어서기를 요구하는 설교자의 부름에 순종하여 결국 일어섰다.

그날 그 일은 전날의 내적 부르심과 더불어, 무슬림에게 전도하기 위해 나를 선교사로 부르셨다는 하나님의 뜻을 알게 하는 사건이었다. 하지만 이슬람 나라 중에서도 나환자촌에 가야 하고, 거기서 문둥병자가 되어 죽을 각오까지 해야 한다고 생각하니 사시나무처럼 몸이 떨렸다. 희생적인 사역을 하겠다고 작정한 몸이었지만, 이슬람권, 그것도 나환자촌으로 가야 한다는 부르심이라고 생각했기 때문이다. 돌이켜 보면 순진했지만, 그럴 만큼 선교사가 된다는 건 나로선 지극히 무거운 다짐이었다.

"너를 알지 못하는 백성에게 보내리라"

나는 다음날, 그때까지 6년간 IVF에서 교제해오던 홍은희 자매에게 편지를 썼다. 편지의 내용도 무거웠다. 자매는 그때 강원도 황지중학교의 교사로 일하고 있었다.

"나는 이제 이슬람 지역에 있는 나환자촌에 선교사로 가야 할 것 같습니다. 자매가 만일 이렇게 된 나와 결혼할 수 없다 하더라도, 나는 자매의 결정을 이해하겠습니다."

답장은 평소보다 조금 늦게 왔다. 자신도 나병환자가 될 수 있다는 걸 상상하니 두렵긴 하지만 요나는 될 수 없다며, 나와 결혼해서 함께 선교지에 가겠다는 승낙의 내용이었다. 나는 편지에서 자매가 고민하며 울었던 눈물의 흔적을 보았다. 우리는 선교지에서 나환자가 될 각오를 하고, 그해 12월 17일에 결혼하였다.

나와 아내는 강원대학교 IVF에서 만났다. 내가 2학년일 때, 신입생들에게 학교 동아리를 알리는 기회에 IVF를 소개했는데, 나와 나이는 같지만 학교는 1년 늦게 들어온 아내는 내가 한 IVF 소개 내용이 좋아 보였던 것 같다. 내가 IVF 수련회에서 어떤 은혜를 받았고, 성경 공부도 열심히 하는 곳이니 대학 생활을 신앙적으로 제대로 해보고 싶은 사람은 '와서 보라'고 했던 것이다. 그래서 나와 함께 성경 공부를 하다가 가까워져 연애를 시작했고, 결혼까지 하게 된 것이다.

우리는 결혼한 다음에도 한동안 주말부부로 살아야 했다. 나는 대학을 졸업하자마자 신학교에 갔으므로 주중에는 서울에 있었고, 토요일엔 강원 지역의 IVF 간사로서 강원대학교와 상지대학교 등의 학생들을 지도하였다.

영어교육학과를 다닌 아내는 졸업 후에 강원도에서 의무적으로 교사 생활을 하여야 했다. 일정 기간 강원도에서 교사로 일하는 조건으로 등록금을 면제받고 대학을 다녔기 때문이다. 신학생이자 무보수나 다름없는 간사로 일하던 나는 수입이 없었기에 아내가 신학교 등록금을 내주었고, 내가 졸업시험을 볼 무렵에 딸을 낳았다.

나는 주일이 되면 아내가 황지에서 출석하는 문곡리의 성공회 교회에 갔다. 황지는 지금은 태백시가 되었는데, 나는 그 교회에 격주로 설교하러 오신 성공회 신부님을 통해 하나님께서 나를 선교지로 부르셨다는 것을 추가로 확인하는 특별한 체험을 하였다. 놀랍게도 그 분의 예언적인 방언 통역을 통해서였다. 그 신부님이 바로 예수원의 설립자이신 R. A. 토레이, 대천덕 신부님이셨다. 그때까지 나의 신앙은 복음

전도에는 적극적이었지만 장로교인인 만큼 보수적이어서 성령님과 방언에 대해선 알지 못했다. 하지만 대천덕 신부님 덕분에 방언이 열리는 체험을 하게 되면서 '예언'도 듣게 된 것이다. 사연은 이러했다.

그 교회가 산골 오지에 있고 작다 보니 전담하는 목회자가 없어서 대천덕 신부님이 격주마다 오셔서 설교하셨는데, 신부님이 올 수 없는 주일에는 내가 대신 설교하게 되었다. 장로교 전도사가 성공회 교인인 아내의 교회에 출석하여 설교까지 한 셈이다. 대천덕 신부님은 성령님의 은사에 대해 설교하셨고, 나는 전도를 강조하는 설교를 했던 것으로 기억한다.

1979년 1월 1일, 나는 토레이 신부님이 인도하신 신년예배를 마치고 신부님과 함께 사택에서 별도로 점심상을 받았다. 나도 명색이 교역자라고 특별 대우를 받은 것이다.

식사를 마친 후, 신부님이 내게 뜻밖의 질문을 하셨다.

"김 전도사님은 왜 방언하지 않습니까?"

나는 방언 은사를 받지 않은 것 같다고 말했다. 그러자 신부님은 정색하며 말씀하셨다.

"성령께서 전도사님께도 방언을 주셨는데, 전도사님이 이지적인 사람이라서 성령께서 전도사님의 혀를 사용하시도록 맡기지 않기 때문입니다. 그러니 이제는 절제하지 말고, 이상

토레이(대천덕) 신부님과 함께.

한 소리가 나오더라도 그대로 말하십시오."

그러시더니, 그 자리에서 방언을 말해보라고 하셨다. 나는 시키는 대로 해보았다. 그러자 내 입에서 이전에는 해본 적 없던 이상한 말이 튀어나오기 시작했다. 내 방언을 들은 신부님은 그 즉시 이런 기도를 하셨다.

"하나님, 이 방언이 주님이 주신 것이면, 제게 통역을 주십시오."

잠시 후, 신부님이 통역이라며 내게 이런 말씀을 하셨다.

"사랑하는 아들아, 두려워하지 말아라. 내가 너를, 나를 알지 못하는 백성들에게 보내리라."

'나를 알지 못하는 백성들'이라면 이방 종족이 아니겠는가! 선교사가 될 것이라는 부르심을 또 확인하는 말씀을 예상 밖의 방법으로 들은 나는 소름이 돋았다. 방언의 은사를 받았음을 알게 된 것 이상으로, 하나님께서 나를 선교사로 부르셨다는 사실을 확인한 것이 그때는 더욱 놀라웠다.

말씀이 보여주신 하나님의 뜻

나는 신학교를 졸업한 다음 군목이 되어 군 복무를 먼저 마쳐야 했으므로 그때는 선교지로 바로 갈 수 없었지만, 이후 내 사역의 소명은 선교사가 되어 복음을 듣지 못한 사람들이 있는 곳으로 가는 것이라는 생각을 완전히 굳히게 되었다. 이 생각은 그때 이후로 지금까지 변함이 없다.

선교사로서의 부르심을 하나님의 사람들을 통해 확인한 것은 미국에서 오신 선교학 교수님의 주일 설교와 대천덕 신부님의 방언 통역이었지만, 이후에는 그런 특별한 경험보다 말씀에 근거하여 선교에 대해 알려주시는 하나님의 뜻을 따르는 것이 더욱 중요하다고 생각하게 되었다. 무엇보다 말씀이 보여주시는 하나님의 음성이 가장 강하게 다가왔다.

내가 받은 선교의 사명, 즉 미전도종족 전도에 대한 소명은 주님의 마지막 말씀인 '대위임령'에서 받은 것이다.

마 28:18-20　예수께서 나아와 말씀하여 이르시되 하늘과 땅의 모든 권세를 내게 주셨으니 그러므로 너희는 가서 모든 민족을 제자로 삼아 아버지와 아들과 성령의 이름으로 세례를 베풀고 내가 너희에게 분부한 모든 것을 가르쳐 지키게 하라 볼지어다 내가 세상 끝날까지 너희와 항상 함께 있으리라 하시니라

막 16:15　또 이르시되 너희는 온 천하에 다니며 만민에게 복음을 전파하라

이 말씀에서 보면 나의 사역의 대상은 '모든 족속, 온 천하, 만민'이고, 내가 하는 사역은 복음을 전파하고 제자를 삼는 것이다. 즉 아직 복음을 듣지 못한 미전도종족에게 전도하고 제자훈련을 하는 것이다.

하나님께서 나를 선교사로 부르신 과정을 보면, 물론 사역자가 되기 위한 노력은 각자가 해야 하지만, 모든 일을 계획하고 섭리하여 이루시

는 분은 하나님뿐이심을 고백할 수밖에 없다. 그렇기 때문에 내가 가끔 벽이 느껴지고 열매가 보이지 않는 상황에 놓일지라도 마음은 그다지 조급하지 않을 수 있었다.

나는 언젠가는 선교사가 되어 무슬림, 곧 이슬람 교도들이 많은 나라에 갈 것이라는 생각을 염두에 두고서 신학 공부와 IVF 간사로서의 사역에 더욱 매진하였다. 아내와 결혼하고 군목이 되어서도 마찬가지였다.

05
떠나기 전에 받은
뿌듯한 훈련

군목이 받은 교회 건축 명령

나는 신학교를 졸업한 다음, 곧 군목이 되어 입대하였다. 아내는 학교
에 사표를 내고 나를 따라와 살림을 시작했다. 원래 4년간 의무적으로
교사를 해야 했지만 일찌감치 퇴직했던 것이다. 다행히 장학금으로 받
은 등록금은 돌려주지 않아도 되었다.

　중위로 시작한 군목의 월급은 초봉이 5만 원이어서 아내가 받던 교사
월급 18만 원보다 훨씬 적었다. 경기도 연천에 마련한 셋방의 월세가 2
만 원 내외였고, 십일조를 내고 아기 우유 같은 걸 사고 나면 쌀과 반찬
을 살 돈이 없을 정도였다. 세상모르고 대책 없기는 우리 내외가 한가지

였던 것 같다. 다행히 내수동교회에서 군 선교 후원 명목으로 매월 5만 원을 책정해 주었다. 그 돈이 없었으면 굶어 죽었을지도 모른다. 다행스러운 건 그래도 명색이 군목이라고, 사단사령부에서 영관급에게 주는 관사를 위관에 불과했던 내게 곧 배정해준 것이다. 2년쯤 지나 대위로 진급하자 월급이 오르고 수당도 더해져 아내가 받던 수준이 됐다.

나는 3년 4개월간 군목으로 근무하면서 임무를 성실히 수행하였다. 특히 예배당을 건축한 일은 큰 은혜를 체험한 경험이었다.

나는 5사단 사령부에서 사역했는데, 당시 사령부 영내에는 불교 법당이 있었고, 영외의 백의리 다리 건너편엔 천주교 성당이 있었다. 둘 다 건물이 번듯했고 시설도 깨끗했다. 하지만 개신교의 예배당은 사령부 정문 왼편의 둔덕에 막사 같은 것으로 지어진 것이어서, 비가 오면 비를 맞으며 예배드려야 하는 형편이었다.

하루는 당시 사단장이던 이범천 장군께서 나를 부르셨다. 언젠가 영락교회 한경직 목사님께서 교회를 지어주겠다고 약속하신 적이 있으니, 나더러 영락교회에 요청하여 사단사령부 내에 교회를 건축하라고 지시하셨다.

나는 은퇴하신 다음 남한산성에 살고 계시던 한경직 목사님을 먼저 찾아뵈었다. 한 목사님은 5사단을 방문했을 때 사단장에게 교회를 지어주겠다고 약속한 사실은 기억하셨다. 그래서 나는 담임인 박조준 목사님을 만나 요청하기로 하였다. 박 목사님을 만나기는 쉽지 않았다. 나 같은 사람이 어디 한둘이었으랴.

간신히 박조준 목사님의 일정을 알아낸 나는 박 목사님이 남산에 있

군목 대위로 근무할 때의 모습.

던 외무부 강의장에서 소양 교육을 하시는 날, 출구에서 목사님을 기다렸다가 만날 수 있었다. 박 목사님은 "한경직 목사님께서 약속한 일이 있다면 지어드리겠습니다"라고 하셨다. 그러나 한 목사님께서 그런 약속을 했던 일이 있었다고 박 목사님께 한번만 말씀해주시도록 부탁해 달라고 하셨다. 나는 다시 한 목사님을 찾아가 박 목사님에게 확인해주시기를 부탁드렸다. 이번에는 한 목사님이 난처해하셨다.

"내가 그 말을 한 것은 사실이지만, 이제는 내가 후임 담임목사님에게 부담드리는 말을 할 수는 없습니다."

나는 크게 낙심이 됐다. 마침 그 자리에 김덕윤과 김세정이라는 두 분의 영락교회 권사님이 같이 계셨다. 한 목사님은 그들에게 "권사님들이 도와주시구레"라고 말씀하셨다. 그 권사님들은 교회를 지성으로 섬기는 분들이셨다. 김덕윤 권사님께서 큰 재정을 담당해주셨고, 김세정 권사님은 영락교회의 성도들에게 알려 건축을 돕도록 힘을 보태주셨다.

불교 사단장의 교회 완공 지시

교회 건축은 사단장의 지시사항이어서 공병대 장비와 병력까지 동원되었다. 하지만 막상 건축을 시작해보니 완공하기엔 후원받은 재정이 모자랐다. 시멘트와 철근 같은 기초 자재비는 건축한 다음에 갚기로 하고, 일단 공사가 시작되었다. 내가 추가 모금을 위해 백방으로 뛰어다녔지만 결국 공사가 중단되고 말았다. 그런 상황에서 사단장 이취임식이 있었다. 기독교인인 이범천 장군이 임기를 마쳤고, 불교 신자가 사단장으로 취임했던 것이다. 교회 건축은 자연스럽게 보류되었다.

그리고 두어 달 뒤, 신임 사단장님이 나를 부르셨다. "교회를 건축한다더니 어떻게 진행되고 있느냐"고 물으시려는 호출이었다. 그는 성품이 호랑이 같다고 알려져 있었다. 나는 군목이지만 긴장한 나머지, 조심스레 사실대로 보고드릴 수밖에 없었다. 내 능력으로는 더 이상 자금을 조달하기 어렵다고 말이다. 그러자 아니나 다를까, 사단장님이 벼락처럼 화를 내더니 그 즉시 참모장을 호출하셨다.

"아니, 교회 건축이 어려운 상황을 왜 내게 제때 보고 안 했어!"

사단장이 참모장의 배를 지시봉으로 쿡쿡 찌르기까지 하며 야단친 말이었다. 함께 야단맞을 걸 각오하고 있던 나는 무슨 상황인가 싶어 당황하였다.

알고 봤더니, 사단장님의 상급자로서 당시 2군 사령부의 군사령관인 황모 장군님 내외가 독실한 기독교인이었다. 그런데 신임 사단장이 군사령관에게 자신이 부임한 그해 9월까지 교회당을 완공하겠다고 보고를 한 것이었다. 그러니, 만일 그때까지 완공하지 못하면 자신이 불교

신자라서 교회 건축에 신경 쓰지 않았다고 군사령관이 오해할까 봐 걱정했던 것이다.

공사는 그 즉시 일사천리로 재개되었다. 사단장의 권한으로 사용할 수 있는 모든 장비와 건축 재료가 동원되었다. 나는 유리와 석고보드 같은 일부 내장재만 조달하면 그만일 정도였다. 어찌 생각하면 기독교인 사단장이 계실 때보다 더 신속하게 진행된 것 같다.

그해 9월의 헌당식을 며칠 앞두고 마무리하던 어느 날, 군사령관의 부인이 헌당식에 참석한다는 소식이 들렸다. 그러자 사단장님이 직접 공사 현장을 방문하여 점검하셨다. 본당은 건축됐지만 주변의 조경이 허름해 보였는지, 예하 부대 연대장들을 호출하더니 병사들을 동원해 잔디와 식수 같은 조경을 하도록 지시했다. 그래서 교회당 주변에 잔디까지 깔리게 됐다.

헌당식에는 예정대로 군사령관의 부인과 군사령부의 군종참모와 군단의 군종참모 목사님들까지 전부 참석하였다. 나는 며칠 뒤인 국군의 날에 사단장이 수여하는 훈장도 받았다. 내 능력으로는 감당할 수 없는 교회 건축이었는데, 놀랍게도 불교 신자인 사단장을 통해서 마무리하게 해주신 은혜로운 체험을 한 것이다.

내가 중위 계급으로 군목에 임관한 때는 박정희 대통령이 서거했던 해의 여름(1979년 8월)이었다. 대통령 서거 후 나라는 어수선했다. 군대는 특히 그랬다. 장교들의 작전회의에서는 북한이 도발할 경우 어떻게 전쟁을 치른다는 내용이 전달되곤 하였다. 그때 참모 자격으로 들은 군의 정보 중에 이런 내용도 있었다. 놀랍게도 최전방 GOP(General

Out Post)에 배치된 병사들은 전방을 사수하다가 죽게 내버려 둔다는 것이었다. 그 뒤에 있는 페바(FEBA) 부대가 북한군을 막는다는 전술이었다.

나는 전쟁이 일어날 수도 있다는 위기 상황보다, 만일 전쟁이 일어나면 예수님을 믿지 않는 수많은 병사들이 그냥 죽을 수도 있다는 사실이 더 두렵고 안타깝게 여겨졌다. 그들에게 복음을 전해야 한다는 압박감이 엄습해왔다.

나는 사단장께 말씀드려 허락을 받고, 당시 사령부 관할 가운데 가장 최전방에 배치된 36연대로 근무지를 옮겼다. 월요일엔 연대본부로 군종병들을 불러들여 전도와 선교를 강조하는 제자훈련을 했다. 화요일부터 주말까지는 가능한 매일 저녁마다 최전방의 철책을 방문했다. 밤새 초소를 지키는 병사들의 눈은 전방을 주시하게 하면서, 그들의 귀는 내가 하는 전도의 말을 듣도록 했다. 그들에게 커피와 껌 같은 간식을 제공했고, 기도해준 다음엔 옆의 초소로 옮겨가곤 했다. 그렇게 밤새 복음을 전하고 이른 아침에 집으로 돌아오면 몸은 몹시 피곤했지만, 마음은 매우 뿌듯하였다.

이런 나의 활동을 본 연대장이 불교신자여서 그랬는지, 하루는 참모회의에서 "군종참모는 이 위급한 시국에 전도만 하러 다닌다"며 불만을 토로하였다. 하지만 나는 그 일이 한밤중에 근무하는 병사들을 깨우고 사고를 예방하는 측면도 있다고 항변하였다. 그러고 나서 한 달쯤 뒤, 그 연대장 관사에 불이 나 그가 화상을 입는 사고가 발생했다. 우연이었겠지만, 나는 속으로 놀랍게 여기며 안타까운 마음이 들기도 했다.

그때 정말 안타까운 사건이 있었다. 내가 밤에 초소를 방문할 때 동행하며 길을 안내해주던 권모 중사가 지뢰를 밟아 사망한 일이다. 하필 나와 함께 초소를 다녀온 다음주에 그 사고가 났다. 나는 아이러니하게도 그에게 직접 전도하지는 못하였기에 마음이 매우 아팠다. 그가 병사들에게 전도하는 나의 말을 옆에서 여러 번 듣긴 했을 것이다. 하지만 그가 예수님을 영접했는지 직접 확인해보진 않았다. 그의 장례식에 참석했을 때 비통한 마음을 금할 길이 없었다.

수습 선교사 훈련과 대학부 사역

1982년 8월에 제대한 나는 경기도 연천군 대광리에 있던 관사를 떠나 경기도 화성군 팔탄면 월문리에 있는 바울의 집으로 이사했다. 바울의 집은 현재 총회선교회(GMS)의 본부로 사용되고 있는데, 나는 그곳에서 KIM선교회의 수습 선교사(MIT : Missionary in Training)로서 훈련을 받기 시작했다.

당시 바울의 집에는 KIM 선교회의 총재인 조동진 목사님 내외와 딸, 그들의 친척이면서 집사로서 관리를 맡은 가족, 그리고 재정과 행정을 담당하는 선교회 간사들과 수습 선교사들의 주택들이 있었다. 그때는 성경 번역을 목표로 하는 선교사들이 한국성경번역선교회(KBT : Korea Bible Translators)라는 이름으로 위클리프성경번역선교회(WBT : Wycliffe Bible Translators)와 협약을 맺고 KIM 선교사들과 함께 바울의 집에서 수습 선교사 훈련을 받고 있었다. 스티브 트래셔(Steve Trasher)라는 WBT 선교사가 언어 습득에 대한 강의를 하였고,

조동진 목사도 강의하였다. 그때 우리 가족과 함께 그곳에서 훈련받은 선교사들은 한준수(태국), 양병화(태국), 김의정(KBT), 안성원(인도네시아), 노병옥(KBT), 박선진(태국), 김중식(태국) 등이다.

수습 선교사들은 바울의 집에서 특별한 집회나 강의가 없으면 독학하며 시간을 보냈다. 마당의 풀을 뽑는 노동에 더 많은 시간을 쓰는 날도 많았다. 바울의 집은 장성교회의 박효정 권사님이 기증한 땅에 건축한 것이었는데, 그때까지 건축비의 잔금을 치르지 못해 선교사들에게 선교비를 제대로 보내지 못하는 상황이었다.

나는 1982년 9월부터 서울 회현동에 있는 성도교회에서 대학부 지도를 맡게 되어 이듬해 11월까지 1년 넘게 사역하며 선교 훈련과 교회 사역을 병행했다. 학생들에게는 복음 전도의 열정을 심어주려 힘썼다. 성도교회의 어느 집사님이 양복은 갖춰 입었지만 구두는 신지 못한 나를 애처롭게 보셨는지 구두 티켓을 선물하신 일을 잊을 수 없다. 이 교회에서 내게 "예수 사랑! 사람 사랑! 예수 증거!"를 들은 이들 가운데 선교사가 된 사람이 있다. 내가 성도교회에 부임한 2년 차에 대학부의 학생회장이던 김형익 군은 신학대학원에 진학하였고, 훗날 나를 따라 인도네시아 선교사가 되었다. 지금은 광주광역시에서 목회하고 있으며, 유명한 기독교 저자가 됐다. 부임할 당시의 학생회장이던 조성극 군은 서울대학교 법대생이었는데, 일찌감치 변호사가 되어 내가 선교단체 문제를 다룰 때 법률 자문을 해주었다. 지금은 성도교회의 장로이다.

성도교회의 대학부에서 예배를 시작할 때마다 전통처럼 부르던 영어 찬송 'Doxology'는 매우 인상적이었다. 한글로 '만복의 근원 하나님'으로 알려진 찬송가를 대학생답게 영어로 부르는 것이었다. 나는 그 곡이 너무 좋아서 인도네시아에서 선교할 때도 현지인들에게 가르쳐 예배 때마다 부르게 하였다. 하지만 경쾌하고 빠르게 불러야 제맛이 나는 이 찬송을 인도네시아 교인들이 느리고 지루하게 부르기도 해서 맥이 빠진 적도 있었다.

나는 최대한 서둘러 선교사로 나가기를 원했으므로 성도교회에서 오래 사역하지는 못하였다. 마침 당시 담임이셨던 장경두 목사님이 내가 속한 선교회의 이사이기도 하셔서, 나를 교회가 파송하는 선교사로 임명하여 매달 3천 달러 정도를 후원하겠다고 하셨다. 하지만 당시 선교회가 한 교회에서 선교비 전액에 해당하는 후원을 받는 것을 금하였으므로 10분의 1에 불과한 매월 300달러 정도를 후원받는 '협력선교사'가 될 수밖에 없었다. 그나마 나중에 성도교회의 후임 담임목사가 어떤 오해가 있었는지, 내가 성실하게 보낸 선교 편지를 받지 못했다며 결국 후원을 중단해버리고 만 것은 아쉬운 일이었다. 선교사를 후원하던 교회가 후원을 중단하는 사유의 대부분은 선교사가 제대로 선교 보고를 하지 않는다는 것인데, 나름 성실하게 편지를 보냈던 나로서는 선교 편지를 핑계 삼아 후원을 중단하는 경우를 이후에도 종종 보았다.

선교사로서 사역하면서 선교 편지와 관련해 아쉬운 경험을 한 것은 나뿐 아니라 여러 다른 선교사들을 통해서도 들은 일이다. 선교사가 특히 아쉬울 때는 후원교회가 선교 편지의 내용과 기도 제목에 반응을 보이지 않을 때이다. 아마도 기도 편지를 제대로 읽지 않는 것 같고, 경우에 따라선 교회로 보낸 편지가 담임목사나 실무자에게 아예 전달되지 않는 경우도 있는 것 같다.

선교사를 후원하는 교회라면 최소한 기도 편지만큼은 자세히 봐주시면 좋겠다. 사실 따져 보면 사도 바울의 서신서들이 선교 편지가 아니었겠는가? 그렇다면 선교사들도 자칫 과장하거나 왜곡된 내용을 편지에 담을 것이 아니라 진실하게, 무엇보다 자신의 사역을 통해 하나님께서 역사하고 계신 사실을 정성껏 써서 보내야 할 것이다.

나는 선교 훈련을 받기 시작하면서부터 매달 한 번씩 '기도 편지'를 써서 후원자들에게 우편으로 보냈다. 편지에는 우리가 훈련받고 사역하는 내용을 담을 뿐 아니라 세계 복음화의 상황을 보여주는 정보를 찾아 포함하기도 했다. 그 정보들은 목사님들이 교회에서 선교를 주제로 설교하실 때 사용하기에 유용한 것들이었다고 생각한다. 실제로 그 정보들이 목사님들에게 쓸 만한 자료가 되었다는 말을 들었다. 나는 선교지에 간 다음부터는 당연히 더 구체적으로 선교 편지를 썼다.

가진 것 없이 전도하는 연습

바울의 집에서는 매해 여름마다 2주간 외국의 선교 지도자들과 교수들을 강사로 초청하여 진행하는 하기선교대학원(SIWM)이 열렸다. 각 교회들을 선교하는 교회로 만드는 데 유익한 '개교회 선교지도자 세미나'를 열기도 했다. 한번은 수습 선교사에 불과했던 내가 그 세미나를 주도하게 하였다. 그래서 제자훈련의 실제에 대한 세미나를 열어 몇 분의 목회자와 젊은이들이 참여하게 되었다. 그때 내가 만든 세미나 자료는 모두 IVF 간사 시절에 연구하고 실천한 내용을 정리한 것이었다. 그런데 그때 만들었던 교재를 훗날 선교사가 된 어떤 분이 자신이 대학생 선교에 대해 잘 안다면서, 마치 자기가 만든 것처럼 사용하는 것을 보고서 당황했던 적이 있다.

나는 본격적으로 선교사로 나갈 준비를 하면서, 공휴일이나 특별한 초청이 있는 경우엔 교회들을 방문하여 선교를 독려하는 설교와 강의를 하였다. 그때 내 강의 주제는 전부 '선교 사역의 이유'였다. '왜 우리가 국내를 두고 외국에 나가서 다른 나라의 다른 종족에게 복음을 전하는 선교 사역을 해야 하는가' 하는 내용이었다.

1983년 여름에는 두 주 동안 돈을 쓰지 않고 다니는 전도여행을 하였다. 특히 출발할 때 몸에 전혀 돈을 지니지 않는 전도 프로그램이어서 무전(無錢)전도여행, 또는 일명 '거지전도'로 불리는 사역이었다. 신용카드나 현금카드 같은 것이 없던 시절이어서 더 실감이 났다.

나는 태국으로 파송될 김중식 선교사님과 짝이 되어 바울의 집을 출발하였다. 둘이 같이 차를 얻어 타야 하므로 주로 트럭을 히치하이크(hitchhike)하였다. 가는 동안 고마운 운전기사에게 전도하고, 다음 마을에 내리면 걸어 다니며 전도하였다. 음식은 구걸하여 먹고, 저녁에는 눈에 띄는 교회를 찾아가 예배당이나 허락된 장소에서 자는 방식으로 돌아다녔다. 어떤 아주머니가 라면을 끓여주어 맛있게 먹으면서 그 분에게 전도한 일은 지금도 따뜻한 기억이다.

우리는 평택, 충주, 제천, 영월, 태백으로 이어지는 길을 다녔는데, 둘째 날에 잠자리를 허락하셨던 어느 교회의 목사님께서 아침에 식사를 차려주실 뿐 아니라 돈 봉투도 주셨다. 그래서 사실상 그날부터 무전여

행은 아니었고, 다만 돈은 있어도 쓰지 않고 구걸하는 여행으로 바뀌었다. 그 분 말고도 헌금하는 분들이 계셔서, 두 주 후에 바울의 집으로 돌아왔을 때는 수십만 원의 선교헌금을 입금할 수 있었다. 그 여행중에 몇 개의 후원교회가 생기기도 하였다.

우리 가족은 1984년 2월 29일, 드디어 인도네시아에 도착하였다.

2부

십자가에서 죽고,
살리기 위해 사랑하여라

06

가능성의 나라,
복음이 필요한 종족

1만 7천 개 섬의 나라

내가 인도네시아에 왔을 때 받은 첫인상은 수도 자카르타가 있는 자바
섬이 어디를 가나 비옥해 보인 것이다. 화산섬이라 그런지 땅이 검었
고, 뭘 심어도 비료가 필요 없을 듯했다. 반면에 내가 주로 사역하기 위
해 방문한 수마트라에서 받은 첫인상은 억새 풀만 가득한 황무지 같다
는 것이었다. 이곳에 사는 사람들이 불쌍해 보이고 안쓰러웠다. 그러나
그건 시각장애인이 코끼리의 한 부분만 만지고서 전부를 아는 것처럼
착각하는 것이었다. 수마트라도 자바섬만큼은 아니지만 물이 풍부하
고 땅이 비옥하다.

인도네시아는 섬의 나라다. 무려 1만 7천여 개의 섬이 있다고 알려져 있는데, 그건 사람이 살지 않는 무인도까지 합친 숫자다. 총면적은 1억 9천 159만 헥타르로 세계에서 14번째로 큰 나라이며, 바다와 섬들의 크기를 다 합치면 유럽연방(EU)보다 크다고 한다. 인구는 2억 8천만 명으로 세계에서 네 번째로 많은데, 그중 절반이 넘는 1억 5천만 명이 현재 수도 자카르타가 있는 자바섬에 밀집해 있다. 자바섬보다 130배 큰 러시아 땅의 인구보다 더 많은 사람이 살고 있는 셈이다. 자바섬의 면적은 남한과 비슷한데, 대한민국 인구의 3배 이상이 살고 있다고 생각하면 인구 밀집도는 더 심각하다고 느껴진다. 수마트라의 밀림과 흩어진 섬들의 원주민들을 먼저 보았다가 자카르타의 교통체증과 번화가를 보면 과연 같은 나라에 와 있는 건지 의심이 될 정도다. 그래서 인도네시아 정부는 칼리만탄 섬으로 수도를 이전할 계획을 세워놓고 있기도 하다.

이 나라의 기후에는 전형적인 아열대 지역의 특징이 있다. 대부분의 섬들이 적도를 기준으로 아래에 있어서 연중 따뜻하고 겨울이 없다. 내가 타고 다니는 자동차에는 히터 장치가 없다. 에어컨은 시동을 켜면 일단 켜지게 돼 있다. 평균 기온은 일반 산지가 26도이고 고산지대는 23도라고 하며, 해안과 평지가 28도라고 하지만 체감온도는 그 이상이다. 커피 생산에 유리한 지역이 많아서 인도네시아의 커피는 세계적으로 유명하고, 일조량과 물이 많아 1년 내내 다모작이 가능하다. 섬나라인 만큼 수산물도 풍부하다. 세계 1위의 관광지로 유명한 발리를 비롯해 가볼 만한 관광지가 많으며, 무엇보다 석탄과 가스 같은 천연의 지하자원이 풍부하다. 인도네시아에서 석탄은 세계에서 수출 1위이고, 고무나무와 팜유도 주요 수출 품목이다. 다만 최근에는 인건비 문제인지 옛날에 비해 고무 산업은 하락하는 추세다.

이 나라 땅속엔 심지어 석유까지 있다. 다만 직접 정유할 공장이 없어서 아이러니하게도 원유를 수출하며, 역으로 정제된 휘발유를 수입하고 있다. 외국의 기술을 도입해 정유공장을 만들 수도 있겠지만, 여러 이유 때문에 아직 개발에는 별 관심이 없어 보인다. 그래서 인도네시아가 산유국이지만 기름값이 싼 편은 아니다.

사업 측면에서는 앞으로도 무궁무진한 기회의 나라이다. 우리나라 기업인들이 인도네시아 칼리만탄에 투자하여 자원을 개발하는 고린도(코리아 + 인도네시아)라는 회사가 정글에 넓은 땅을 확보하였고 거기서 내는 이익이 상당했다고 들었다. 한국의 대기업들도 일찌감치 진출해 있다. L사의 경우 가장 큰 생산기지를 세운 나라가 인도네시아라고 알려져 있다. 그래서인지 이 나라 가정에서 가장 눈에 많이 띄는 가전 브랜드는 L사의 것이다. 사람들이 들고 다니는 휴대폰은 대부분 S전자의 제품이다. 자동차는 토요타가 공장을 오래전에 세워두어 시장을 장악해왔지만, 최근 들어 H자동차가 서서히 점유율을 높이고 있다. 연예인을 통한 한류 열풍은 말할 필요도 없다. 쇼핑센터마다 BTS와 플랙핑크의 대형사진이 배경으로 도배된 스티커 사진관을 볼 수 있는데, 인도네시아 청소년과 젊은이들이 열광한다. 한국 영화도 최신작이 거의 동시에 개봉되는 나라가 인도네시아다.

인도네시아 경제는 최근 들어 더욱 급속도로 발전하고 있어서

OECD로부터 동남아시아 국가 중에서 처음으로 가입하라는 말을 듣기도 했다. 베트남도 말레이시아도 아직 그런 요청을 받지는 못했다. 개인 소득으로 보면 말레이시아가 조금 높겠지만 인도네시아의 10분의 1도 안 되는 면적에다 인구도 그만큼 적어서 비교될 것이 아니다.

그러나 내 눈에 인도네시아는 아직도 복음이 다 전파되지 못한 미전도종족이 있는 나라일 뿐이다. 다만 한국의 사업가들이 진출하여 시장을 넓혀가면서 대한민국의 위상이 높아지고 있고, 연예인들에 의한 한류 영향이 커지는 상황은 복음 전파를 위해 긍정적으로 기여할 것이라고 기대한다.

적응 스트레스와 도움

우리 가족은 1984년 2월의 마지막 날에 인도네시아에 도착하여 동부 자바의 바뚜(Batu)라는 곳에 있는 인도네시아 선교부, IMF(Indonesia Missionary Fellowship)의 영내에 정착하였다. 이 선교부를 인도네시아어로는 YPPII(Yayasan Persekutuan Pekabaran Injil Indonesia)라고 하는데, 이곳에는 'Institute Injil Indonesia'(이띠가)라는 신학교가 선교부 경내에 같이 있어서 매일 아침 인도네시아어로 경건회와 각종 모임이 열리고 있었다. 우리 가족은 IMF에서 제공해준 방이 2개인 10평쯤 되는 집에서 살면서 오리엔테이션 과정에 참가했다.

내가 인도네시아에 오게 된 계기는 선교사가 되면서 가입한 단체인 KIM선교회의 조동진 목사님이 인도네시아 IMF의 지도자인 옥타비아누스 목사로부터 신학교에서 강의할 사람을 보내달라는 요청을 받았기 때문이다. 나 또한 인도네시아가 세계에서 무슬림이 가장 많은 나라라고 하니 당연히 인도네시아에 간다고 생각하였다. 더구나 내가 가기로 한 신학교가 수마트라 내지에 있고, 수마트라가 인도네시아의 섬들 중에 이슬람이 특히 강한 지역이므로 당연히 그곳으로 간다고 생각했다.

우리는 IMF에서 보내온 초청장으로 외무부에서 여권을 받았다. 인도네시아 비자도 일단 그 초청장으로 신청할 수 있었고, 인도네시아에 입국한 후에는 당분간 '비자 수속중'이라는 상태로 정착할 수 있었다. 언어를 배우는 데는 전혀 문제가 없었다.

우리가 아직 인도네시아어가 잘 안 될 때 경험한 첫 사건은, 밤에 아내 홍은희 선교사가 배가 아파서 화장실에 가던 길에 넘어져 아랫입술 밑이 찢어진 일이었다. 잠깐 정신을 잃었기 때문인데, 당일에는 아무런 조치를 할 수 없었다. 다음 날 아침에야 8킬로미터나 떨어진 말랑(Malang)의 병원에 가서 10시경에야 의사를 만날 수 있었다. 당시 같이 있던 인도네시아 사람들은 아무도 우리를 병원에 데려가지 못했다. 아직도 아내의 입술 아래에는 약하게 상처가 보인다.

나는 인도네시아 음식 중에 산딴(Santan)이 들어간 것을 먹으면 배탈이 나곤 했다. 산딴은 야자열매 속에 있는 흰색의 식재료인데, 대부분의 인도네시아 음식에 산딴이 들어 있어서 매일 설사를 했다. 음식때문인지, 아니면 문화 적응에서 오는 스트레스 때문이었는지는 불명확하지만, 하여간 선교지에 간 처음 한 해 동안 배탈로 고생을 많이 하였다. 나보다 먼저 필리핀으로 파송받고 갔다가 병이 나서 1년쯤 뒤에 철수했던 신학교 동기 H 목사처럼 나도 철수해야 할지 모른다는 염려

1984년 인도네시아에서 아내 홍은희 선교사와 딸 리나와 함께.

를 했을 정도였다. 다행히 1년쯤 지나자 산딴이 들어간 음식이 맛있게 느껴지기 시작하고 배탈도 나지 않게 되었다.

감사한 일은 교단이 달랐어도 우리를 도와준 선배가 계셨던 것이다. 말랑에서 렙끼(Lepki)라는 오지 교회의 개척을 지원하는 단체를 책임지며 수라바야한인교회를 담임하셨던 한승인 선교사님 내외이시다. 그는 통합측 선교사이지만 우리에게 인도네시아에 대한 정보를 많이 알려주고 직접 언어 교사를 찾아주는가 하면, 가끔 수라바야한인교회에서 설교도 하게 해주셨다. 인도네시아교회의 집회에서 말씀을 전할 기회도 만들어주어 내 설교를 통역해주었고, 우리 가족을 놀이공원과 바닷가에 데려가 주기도 하셨다. 동부 자바 산꼭대기에 사는 뗑그르(Tengger) 종족 지역에 방문하도록 안내해주어 내 관심사인 미전도종족을 만나볼 수도 있었다. 한 목사님이 자카르타로 옮겨 한인교회를 개척하시게 된 이후로는 우리와 가까이 지낼 기회가 없었지만, 그 분은 소속 교단과 단체가 달라도 나와 같은 후배 선교사들에게 실제적인 도움을 주셨던 고마운 선임 선교사여서 기억에 오래 남아 있다.

그 나라 말로 설교하기

우리는 한국에서 인도네시아어를 배우지 않고 갔는데, 수습 선교사 시절에는 주로 영어 공부를 위한 노력을 더 많이 하였다. 한승인 선교사님께서 말리키 아드난(Maliki Adnan)이라는 은퇴하신 교장 선생님을 개인 언어 교수로 소개해주셔서 그 분에게 매주 두 번 두 시간씩 인도네시아어를 공부하였다. 처음에는 안성원, 조은숙 선교사님 내외와 우리 내외가 말리키 선생님과 같이 공부하였으나, 두 가정이 각자 실습할 기회를 더 가지기 위해 따로 공부하기로 하였다.

우리는 데이비드(David)라는 중국인 대학생도 교사로 모시고 우리 집에서 매주 네 번 언어공부를 더 하였다. 문법은 한국외국어대학교에서 한국어로 만든 인도네시아어 문법책을 몇 차례 독습하고 나니 별 어려움 없이 전체적으로 이해하게 되었다. 성경 용어는 말리키 선생님과 사도행전을 함께 읽으며 익혔다. 정확한 발음과 일상 대화는 데이비드가 지도해 주었다. 그렇게 선생님들의 도움을 받아 설교 원고를 써서 읽는 방법으로, 내가 처음으로 간단하게나마 인도네시아어로 설교한 것이 인도네시아에 도착한 뒤 4개월쯤 되었을 때였으니, 나의 인도네시아어 실력은 꽤 빠르게 는 편이다. 매일 아침 선교부의 신학교에서 열리는 경건회와 각종 모임에 참석하면서 일상 회화에 비교적 빨리 친근해졌고 억양도 제법 좋아졌다. 우리 부부에게 언어 습득이 별로 어렵지 않게 느껴졌던 것은 감사한 일이다.

IMF의 지도자들이 우리의 언어가 비교적 빠르게 진전되는 것으로 평가하여, 인도네시아에 간 첫 해에, IMF의 정식 회원이 되기 위한 6개월 동안의 오리엔테이션 과정에 안성원 선교사님 내외와 우리 내외가 같이 참석하게 되었다. 우리는 아침 기도회, 오전 강의, 함께하는 식사, 오후의 공동 작업 등을 하며 인도네시아의 동역자들과 어울렸다. 그러자 언어가 더욱 빠르게 발전하는 것을 느낄 수 있었다.

오리엔테이션에 함께 참석한 인도네시아인 가운데 영국계 방직회사의 사장으로 일하다 은퇴하고, IMF의 사역자가 되려고 온 라헨다 (Lahenda) 부부가 나에게 제자 양육을 받겠다고 요청하였다. 나 또한 오리엔테이션을 받는 입장이니 특별한 일이었다. 나는 매일 저녁 그 내외에게 성경을 가르치며 말씀을 암송시키고 함께 기도하는 시간을 가졌다. 그들이 영어가 가능하여 소통이 잘 되는 편이었고, 그들을 양육할 때는 일부러 인도네시아어를 사용하여 일거양득의 효과를 보았다. 그 덕분에, 한두 달 뒤엔 나의 인도네시아어가 더 유창해지는 것을 경험하였다. 이런 경험이 계속되면서, 인도네시아에 도착한 지 10개월쯤 되던 12월 마지막 주일, 선교본부 강당에서 드리는 주일예배에서 내가 설교를 하게 되었다. 물론 원고를 미리 작성하여 외워서 한 것이지만, 어느 정도는 원고에 매이지 않고 인도네시아어로 설교할 수 있게 된 것이다. 그후에는 모임에서의 대표 기도, 성찬식의 기도, 소그룹 모임 설교 같은 간단한 사역이 가능하게 되었다.

07

교수 선교사의
사랑과 기도

신학교수의 첫사랑

인도네시아에 간 두 번째 해에는 약 3주가량 청년선교집회를 주관하는 팀에 합류하여 동부 지역에 있는 암본과 이랸자야 등에 강사로 다녀오기도 하였다. 그리고 드디어 인도네시아에 간 지 1년 6개월쯤 지난 1985년 9월, 수마트라의 단중에님(Tanjung Enim) 신학교에 교수로 부임하게 되었다.

나는 이 신학교에서 강의하면서 매일 새로운 단어들을 찾아 준비하며 강의해야 했으므로 어휘력이 더욱 향상되었고, 일반적인 사역자들에 비해 언어 능력이 더 빨리 진보하는 걸 경험하였다. 신학교에서 강의할 뿐 아니라 매일 아침 경건회를 인도하고 교수회의에도 참여했으며, 주말과 주일에는 학생들과 함께 인근 지역의 교회들을 방문하고 말씀을 증거하였다. 그랬던 만큼 나의 인도네시아어 실력도 일취월장하였다. 신학교에서의 다양한 사역이 어휘력 향상에 큰 도움이 되었던 것이다. 그때는 선교사로서 첫사랑과 열정을 마음껏 불태우는 시기이기도 하였다.

단중에님 신학교의 상위 기관인 인도네시아 선교부(IMF)의 지도자는 옥타비아누스 목사였는데, 사실은 쉔네만이라는 독일 선교사가 수십 년 전에 인도네시아 와서 사역하면서 세운 선교부를 그에게 이양해 준 것이었다. 본부는 동부 자바의 바뚜 말랑(Batu Malang)이라는 곳에 있어서, 나도 처음 왔을 때는 그곳에서 언어 훈련을 받았다.

IMF 산하에는 세 개의 신학교가 있었는데, 동부 자바의 바뚜에 있는 이띠가 신학교, 수마트라에 있는 단중에님 신학교, 서부 칼리만탄에 있는 안중안 신학교이다. 나는 그중에서 처음엔 단중에님 신학교에서 일했고, 안중안 신학교에서는 이은무 선교사가 교수로서 사역했다. 나는 훗날 동부 자바의 수라바야(Surabaya)에서 목회할 때 바뚜 신학교에서 몇 년간 교수 사역을 하다가 내수동교회의 청빙을 받았다.

탄광촌 바로 옆의 신학교

단중에님 신학교는 남부 수마트라의 중심부에 있는데, 이 신학교의 예배당이 건축된 배경에 이 지역의 탄광이 있다. 탄광은 노천이나 다름없을 정도여서, 아직도 30미터만 파들어가면 석탄이 채굴될 정도로 매장

단중에님 신학교의 아침 풍경. 십자가탑이 있는 건물이 예배당이다.

량이 풍부하다. 이런 탄광이 신학교 옆에 있는데, 탄광의 소장으로 부임한 기독교인이 탄광 소유의 땅에 성경학교, 즉 현재의 신학교에 예배당을 지어준 것이다. 종교의 안배를 위해 이슬람의 모스크도 같이 지어주었는데, 하여튼 그건 특별한 일이었다. 탄광 회사는 교수들의 사택과 학생들의 기숙사도 지어주었다고 하며, 강의실들은 독일 튀빙겐의 교회들이 선교사를 후원하여 지어진 것이다.

단중에님 신학교의 예배당은 강단과 출입구의 형태가 전형적인 독일의 개신교회를 닮았다. 이 신학교의 전신인 고등성경학교를 1956년경에 독일에서 온 해링턴이라는 선교사가 세웠기 때문으로 보인다. 내가 이 학교에 처음 왔을 때는 독일 선교사 한 가정이 있었고, 그 전에 일본 선교사가 몇 년간 있었다고 한다. 내가 인도네시아에 처음 왔을 당

독일 교회 분위기가 나는 단중에님 신학교 예배당의 강단 앞에서.

시만 해도 IMF에는 서양 선교사들이 32가정이나 있을 정도로 많았다. 독일, 노르웨이, 뉴질랜드에서 온 선교사들과 일본에서 온 선교사도 있었다.

나는 단중에님 신학교의 캠퍼스에서 4년간 살았다. 그때는 학생이 100여 명이었는데, 지금은 200명에 달한다. 이 학교의 학생들은 대개 5시 반이면 기상해서 운동하고 아침 식사를 한다. 학생들은 식사 시간에 대형 식당에서 같이 먹는다. 한국의 신학교에서도 가끔 그러는 것처럼, 누군가 특식을 후원하면 먹을 것이 푸짐해진다. 지금도 한국 돈으로 50만 원 정도를 주면 전교생과 교수 가족들에게 특별한 식사를 제공할 수 있다. 나는 연례 행사처럼 그 정도의 돈을 주곤 했는데, 한 끼를 잘 먹여주니 내가 올 때마다 학생들이 좋아한다.

학생들은 7시 10분부터 경건회에 참가하고, 8시부터 12시까지는 강의를 듣는다. 점심을 먹고 1시간 반 정도 낮잠을 자거나 쉬는 시간을 가진 다음, 오후엔 강의를 듣거나 자습 같은 각자의 활동을 한다. 강의실 아래엔 학생들의 기숙사와 교수와 교직원들을 위한 주택이 있다. 교직원 주택은 원룸처럼 생겼는데, 학생 중에도 결혼해서 가족이 와 있는 경우는 집을 배정해주기도 한다.

후원자와 신학생을 연결해주다

단중에님 신학교에서 교수로서 가르치는 일은 선교사로서 나의 첫 임기 4년 동안의 주요 사역이었다. 내가 강의할 때는 열정이 넘쳐서인지 내 목소리가 옆 교실까지 들리곤 했다. 신학교 건물들이 밀림 속에 지어진 것이어서 벽이 두껍지 않은데다, 원래 내 목청이 크기 때문이었다. 그래서 다른 교수들이 힘들어하기도 했다. 아내 홍은희 선교사는 영어를 가르쳤고 나와 함께 교회 음악을 가르치기도 했다. 내가 학생 전체에게 성가곡을 가르치고 지휘를 하면 아내는 피아노로 반주하였다.

내가 신학교 사역을 하기 전에는 이 학교가 고등성경학교(PThT : Pendidikan Theologia di Tanjung Enim)에 불과했는데, 마침 부임했던 해에 종교성의 승인을 받고 정규 신학교(STTE : Seminari Theologia Tanjung Enim)로 승격되었다. 그렇게 되자 내가 교의학 같은 일반 신학 과목뿐 아니라 헬라어도 강의해야 했다. 당시에는 학교의 교수들 가운데 신학 강의가 가능한 사람은 석사학위 소유자면서 학장이었던 와기요노(Wagiyono) 목사와 M.Div 학위를 가진 나뿐이었고, 헬라어를 가르칠 수 있는 교수는 나뿐이었다. 그래서 부득이 인도네시아에 간 지 1년 반밖에 되지 않아서 아직 그 나라 말도 잘하지 못했던 내가 첫 학기부터 인도네시아어를 공부해가며 헬라어를 가르쳐야 했다.

외국인이 외국인에게 그 나라 말을 배워가며 헬라어를 가르치려니 교재부터 직접 만들어야 했다. 내가 신학교를 다닐 때 공부했던 메이첸 (Machens)의 기초 헬라어 교과서를 인도네시아어로 번역해 가르치면 그걸 교수들이 학생들과 함께 배웠다. 그렇게 배운 인도네시아 교수들이 다음 학기부터 대신 가르쳤다. 그 다음 학기엔 히브리어를 가르쳤는데, 이번에도 다음 학기에 그걸 가르쳐야 할 교수가 내 강의를 들었다. 나는 신약 개론과 교의학 서론과 교회론도 가르치고, 학기마다 필요에 따라 다른 과목을 추가로 가르쳐야 했다. 실력은 부족했지만, 흔한 말처럼 통장과 반장을 다 했던 셈이다. 이제 와 생각하면, 그건 기초적인 내용밖에 가르칠 수 없는 내 신학과 언어 수준에서 강의했던 것이다.

나는 신학교를 졸업한 다음엔 군목으로 복무하고 성도교회의 대학부를 잠깐 지도했던 것 말고는 신학 공부와 목회 경험을 그다지 많이 한 사람이 아니었다. 그래도 젊은 체력과 열정이 있어서 강의를 감당할 수 있었던 것 같다. IVF 간사를 하면서 성경 연구를 많이 하고 많은 학생들에게 가르쳤던 것이 다행히 큰 자산으로 작용했던 것 같다. 역시 목사와 선교사로서 가장 중요한 재산은 성경 지식이었다.

신학교의 운영을 위한 재정 마련도 당시엔 내 교수 사역의 일부가 되었다. 가끔 학장이 여행으로 자리를 비울 때는 내가 행정 처리를 담당해야 했다. 나에게 학위가 있고 재정적인 기여가 커서 그런 책임을 맡겼던 것으로 생각된다. 그러나 외국인이라서 인도네시아 학교의 상황을 정확히 알지 못하는 내게 그런 직무가 부여된 것은 바람직하지 못했다는 생각이 든다. 내가 그 직무를 맡았을 때 학생의 3분의 1 정도가 동시에 병이 나서 아팠고, 여학생 중에 동성연애 문제가 생겨 치리해야 하는 힘든 일도 있었다.

신학생들을 후원하는 교회와 학생들을 연결하는 일은 그때부터 지금까지 계속되고 있는데, 당시엔 신학교 전체 재정의 큰 부분이 한국교회 성도들이 내게 보내주시는 선교헌금으로 채워졌다. 강의실의 책걸상을 구입하는 비용과 신학생들의 교복을 맞추는 재정도 한국교회가 담당해주었다. 요즘엔 5명 정도의 학생을 선발해 한국의 후원자에게 연결해주어 장학금을 받게 하는 일을 돕고 있기도 하다.

편도 4시간의 출근길

나는 단중에님신학교에 부임한 다음 4년간은 영내의 사택에 거주하였다. 5년째 되던 해인 1989년 1월, 선교부의 결정에 따라 남부 수마트라주의 주청 소재지인 팔렘방(Palembang)으로 이사하여 팔렘방교회의 개척을 시작하였다. 그 후로는 월요일부터 수요일까지 단중에님 신학교에 와서 교수 사역을 하고, 목요일부터 주일까지는 팔렘방에서 목회 사역을 했다. 단중에님과 팔렘방을 오가려면 편도로만 4시간 이상을 운전해야 했다. 고속도로가 개통되어가는 요즘엔 조금 사정이 나아지고 있지만, 그래도 여전히 먼 거리이다. 그 길을 오가면서 겪은 일이 많았다.

수마트라의 국도는 밀림 속의 장거리이기도 해서, 만에 하나 강도를 만나거나 사고가 나면 매우 위험할 수 있다. 그래서 이 나라 사람들은 혼자 운전하고 다니지 않는데, 나는 한국 사람이라 그런지 혼자서 찬송을 부르며 다니곤 했다. 그러면 은혜가 느껴져 혼자 울기도 많이 했다. 눈물이 가려 운전하기 어려우면 눈물이 멈출 때까지 차를 세웠다 가곤 했는데, 그때는 센티멘털하고 눈물도 많았던 것 같다. 열대 기후라 도중에 수시로 소나기가 내릴 때도 있는데, 잠시 후면 언제 그랬냐는 듯 활짝 개어 상쾌해지곤 했다. 그런 험한 길을 매주 한 번씩 왔다 갔다 했다. 나중에는 단중에님에도 숙소가 마련되어 두 집 살림을 하기도 했다.

팔렘방에서 단중에님 사이의 길을 비롯해 수마트라에 난 도로는 대부분 한국의 건설회사가 아스팔트로 포장한 것이지만, 공사한 지 오래되어 이제는 도중에 파인 곳이 많다. 내가 그 길을 처음 달릴 때는 더 험하고 위험했다. 야생 고양이와 산돼지를 비롯한 온갖 들짐승이 자동차가 달려오든 말든 길을 건넜다. 엄마 돼지가 앞서가면 아기 돼지들이 따라 건너는 모습을 본 적도 있는데, 그게 얼마나 위험한가.

1986년 8월 3일, 나무로 교회와 사택을 지은 빨름 바자(Palem Baja)의 교회에서 공식적으로 드리는 첫 예배에 참석하려고 아침에 학생들과 교수들이 몇 대의 차를 나눠 타고 단중에님 신학교를 나섰다. 중간 도시인 라핫(Lahat)을 지나 자바인 이주민 지역으로 가는 경로였다. 가는 길에서 산돼지가 누워 있는 걸 보았다. 아마도 산돼지 떼가 한쪽 숲에서 나와 반대편을 향해 길을 건너다, 그 무리 중 한 마리가 차에 치였던 것 같다. 이슬람 교도인 무슬림은 돼지고기를 먹지 않기 때문에 길에서 차에 치인 산돼지를 봐도 그냥 내버려둔다. 그래서 우리가 그 산돼지를 통째로 챙길 수 있었다. 우리 팀은 그 돼지를 차에 싣고 교회로 가져가서 식사를 준비하는 팀에게 주었다. 준공예배를 마치고 점심식사를 할 때, 우리 눈에 띈 음식은 단연 그 산돼지 고기였다.

신학생들의 교통사고와 뱀의 죽음

내가 단중에님에 갔던 초기의 어느 주일 오후에 교통사고가 있었다. 신학생 둘이 교회 사역을 마친 다음 오토바이를 타고 학교로 돌아오다가 트럭에 부딪힌 것이다. 둘 다 팔과 다리가 부러지고 말았다. 그러나 트럭은 뺑소니쳤고, 지나가는 차들도 돌아보지 않아 한참이나 방치되었다. 다행히 누군가 도와주어 팔렘방의 국립병원에 오긴 했는데, 그로부터 목요일까지 의사가 한 명도 나타나지 않았다고 한다. 말이 국립병원이지 의사가 상주하지 않고, 치료 비용을 국가가 부담해서 그런지 교통사고 환자임에도 아무도 신경 쓰지 않았던 것 같다. 의사들은 일주일에 몇 시간씩 의무적으로 오면 그뿐이었다. 40년 전 일이긴 하지만, 이 나라의 의료 현실이 얼마나 열악했는지 보여준 사례였다. 학교에서도 그 사고가 일어난 사실을 한참이 지나서야 알 수 있었다.

사고가 난 지 며칠 뒤, 목요일이 되어서야 나타난 의사는 우리 같으면 응급실에 들어간 첫날에 찍었어야 할 엑스레이 촬영 지시만 하고 갔다. 그런 다음 월요일까지 또 기다려야 했다. 그 도시의 사립병원에 가면 금방 치료될 수 있는데, 학교에서는 그런 병원에서 두 명이나 치료받게 해줄 돈이 없다고 방관하다시피 하였다. 그러니 국립병원에 의존

100

단중에님 신학교 교정에서 학생들과 함께.

할 수밖에 없는 상황이었다.

나는 다친 학생들이 방치되는 현실을 보고서도 아무 도움이 못 되는 것 같아 화도 나고 안타까웠다. 병원에 문안 가보니 밥도 하루에 두 끼밖에 주지 않아 굶다시피 하고 있었다. 그래서 내 아내가 먹을 것을 마련해 가져다주기도 했다. 내가 신학교에 부임한 첫해에 일어난 사건이라 그런지 그들을 더 안쓰럽게 여겼던 것 같다. 그들은 내게 헬라어를 듣고 있던 학생들이었고 공부도 곧잘 해서, 나는 그들이 학과 진도에 손해를 보게 하고 싶진 않았다. 그래서 그들이 치료받는 중에도 진도를 따라오도록, 내가 그 둘이 입원한 병원을 찾아가 강의를 해주기도 했다. 다행히 그들은 공부를 계속하였다.

안타깝게도 그 학생들은 결국 둘 다 장애인이 됐다. 제때 치료받지 못한 팔과 다리는 휘어진 채로 굳어져 흉한 모습이 되고 말았다. 그래도 훗날 둘 중 하나는 교수가 됐고, 한 명은 목사가 됐다.

단중에님에서 팔렘방 방향으로 차로 한 시간쯤 가면 구눙 메강(Gu-nung Megang)이라는 마을이 있다. 그 마을 뒤로는 레마탕(Lematang) 강이 흐른다. 거기에서 내지 쪽으로 새로운 개간지가 조성되고 있었는데, 그곳에서 일하는 사람들 가운데 바딱 종족의 기독교인들이 구눙 메강 마을에 사는 어느 교인의 셋집에서 예배를 드리고 있었다. 하지만 그 마을의 면장이 자기 마을에 등록된 주민 중에는 기독교인이 없으므로 예배를 드리지 말라고 금하였다. 기독교인에 대한 무슬림 면장의 교묘한 핍박이었다. 그래서 기독교인들은 어쩔 수 없이 다른 마을에 가서 예배를 드려야 했다.

그 무렵에 서울 대치동의 사랑교회를 담임하시던 김중석 목사님께서 나의 선교지에 방문하셨다. 내가 그 분을 단중에님으로 모시고 가는 길에 그 마을을 지나게 되었는데, 그 마을에서 일어난 핍박의 사연을 들은 김중석 목사님께서 함께 기도하자고 제안하셨다. 그래서 우리는 차를 길가에 세워놓고, 차 안에서 목사님과 함께 악한 세력이 그 마을에서 역사하지 못하게 해달라고 통성기도를 하였다.

기도를 마치고 출발하여 가고 있는데, 길이가 3미터 이상이나 되어 보이는 큰 뱀이 내 차 앞을 가로막고서 기어가는 것을 보았다. 하지만 나는 차를 멈추지 않았다. 차가 덜커덩했다. 우리는 뱀이 차에 치인 것이라고 확신했다. 차를 세운 다음 살펴보았는데, 이상하게 지나온 길에 뱀이 보이지 않았다. 하지만 김중석 목사님은 뱀이 차에 치인 다음 오른쪽 숲으로 사라지는 걸 보았다고 하셨다. 뱀이 밟힌 자리에는 마치 물주머니가 터진 것 같은 자국이 있었다. 그것으로 보아 뱀이 몸통이

터지는 치명상을 입기는 했으나, 바로 죽지는 않아 도망친 것 같았다. 김 목사님은 "우리의 통성기도로 말미암아 영적 전쟁에서 사탄의 권세가 치명상을 입는 걸 상징적으로 본 것 같다"고 말하셨다.

밀림 속에서 경험한 기도의 능력

내가 KIM선교회 소속의 인도네시아 선교사인 이은무, 안성원 등과 더불어 서부 칼리만탄의 안중안 신학교에서 지역 모임을 가질 때도 어려운 일을 겪었다. 스루캄(Serukam)에 있는 호텔에서 모였다가 저녁에 안중안으로 돌아가는 길이었는데, 스루캄에서 말레이시아 꾸찡 방향의 국경 쪽으로 가다가, 선임인 이은무 선교사께서 "오른쪽에 안중안으로 가는 더 가까운 길이 있다"고 말해주셔서 운전하던 내가 그쪽으로 차를 돌렸다. 오른쪽으로 빠지는 길이 어디인지 알지 못하여 계속 달리기만 하다 보니 가던 길이 어디쯤인지 알 수 없었다. 생각보다 너무 멀리 간 것 같았다. 요즘엔 인도네시아에도 내비게이션이 있어서 비교적 쉽게 길을 찾을 수 있지만, 그때만 해도 길을 잃으면 대책이 없었다.

날은 어느덧 어두워져 밤이 되어가고 있었다. 마침 그곳에 사는 사람들이 지나가는 것이 보여 여기가 어디인지 물어보았더니, 우리가 말레이시아 국경에 가까워질 정도로 멀리 왔다는 걸 알게 되었다. 할 수 없이 차를 돌려 오던 길을 돌아오는데, 이번엔 정글 한 가운데의 캄캄한 길에서 타이어가 터지고 말았다. 더 당황스러운 일은 트렁크 아래에 매달려 있어야 할 스페어타이어가 없는 것이었다. 얼마 전에도 스페어타이어를 도둑맞아 새것을 달아놓았는데, 또 도둑맞은 것을 모르고 있던

흙탕길에 빠진 자동차를 꺼낸 다음의 모습. 이런 길을 다니며 복음을 전했다.

것이다. 캄캄한 밤에, 차가 별로 다니지 않는 그 길에서 해결할 방법이 없었다.

그때 이은무 선교사께서 통성기도를 제안하셨다. 우리는 차 안에서 함께 큰소리로 기도했다. 잠시 후, 지나가는 차가 보여 서둘러 그 차를 세웠다. 처음 본 사람이지만, 그에게 펑크가 난 타이어를 수리해서 다시 가져와 달라고 간곡하게 부탁하였다. 그가 우리 타이어를 가지고서 어딘가로 사라지더니, 놀랍게도 타이어를 고쳐서 가져다주었다. 하나님께서 우리의 기도를 들으셔서 그 밤에 정글의 길 한 가운데서 착한 마음을 가진 사람을 만나게 하시고, 그가 그 지역에서 타이어를 수리하는 곳을 알아서 우리를 도울 수 있었던 것이다. 하나님께서 즉시 기도에 응답하신 놀라운 경험이었다. 우리는 조금 늦어지긴 했지만, 그날 밤에 안중안 신학교로 무사히 돌아올 수 있었다.

어느 주일, 두 명의 신학생과 함께 내 차를 타고 수반 저리지(Suban

Jeriji) 교회에 가서 주일예배를 드리고, 오후에 단중에님으로 돌아오는 길에 작은 사고를 겪었을 때도 기도의 능력을 체험하였다. 아침에는 무아라 에님(Muara Enim)을 거치는 길로 갔는데, 돌아올 때는 사람들이 잘 다니지는 않지만 더 빠른 길이 있다고 수반 저리지의 교인들이 알려 주어 그 말을 믿고 출발하였다. 그런데 그 길로 돌아오다, 비가 온 후 진흙으로 변한 길에 생긴 구덩이에 그만 자동차 바퀴가 빠지고 말았다. 그때 내가 타고 다니던 차는 네 바퀴에 동력이 들어가는 지프(Jeep) 차였는데, 함께 갔던 두 명의 신학생들이 뒤에서 흙탕물을 뒤집어 써가며 밀어도 바퀴가 헛돌기만 했다. 그래서 이번에도 잠시 멈추고 통성기도를 하였다. 그리고 다시 빠져나오려 하자, 차가 잠시 헛바퀴를 돌더니 구덩이를 벗어날 수 있었다. 정글 속에 난 길에서 사람들의 도움을 받을 수 없는 상황에 종종 처하긴 했지만, 언제나 문제 해결의 열쇠는 기도였다.

08

내 사역의 열매는
사람이다

교수 사역과 교회 개척과 학생 운동

내가 인도네시아에 간 첫 사역 기간에 주로 한 일은 세 가지였다. 단중
에님 신학교에서 학생들을 가르치는 일, 신학생들을 통해 교회를 개척
하는 일, 그리고 학생들을 양육하여 인도네시아의 학생운동인 IVF 팔
렘방 지부가 시작되게 만든 것이다.

나는 팔렘방에서 목회할 때도 한국에서 했던 것처럼 대학생들을
대상으로 제자 양육 사역을 병행하였다. 팔렘방에 있는 스리위자야
(Sriwijaya) 대학교의 학생들을 2주에 한 번씩 만나 5명을 소그룹으로
양육했는데, 이 사역이 후에 쁘르깐따스(Perkantas)라는 청년 선교단

체의 팔렘방 지부를 시작하는 결과를 낳았다. 쁘르깐따스는 인도네시아에서 IVF에 해당하는 단체이다. 이 단체는 내가 인도네시아에 간 초기부터 알게 됐는데, 내가 IVF 간사 출신인 것을 알게 된 그 단체에서 나를 여름 수련회 강사로 초청하여 동부 자바에서 열린 수련회를 섬기기도 했다. 단중에님 신학교에 가 있으면서도 약 2년 동안 두 주마다 한 번씩 팔렘방에 생긴 지부의 학생들을 양육했는데, 나중엔 자카르타에서 팔렘방으로 간사를 보내 사역이 활발하게 진척되었다. 나는 팔렘방 지부의 간사 생활비를 초기에 2년 가량 후원했다.

나는 단중에님 신학교에서 사역하면서 수마트라 주의 자바 이주민이 사는 빨름 바자(Palem Baja) 지역에 교회를 개척하기도 했다. 신학교에서 하루이틀이면 다녀올 수 있는 거리에 있어서, 주말마다 신학생들을 두 명씩 그곳에 파송하여 예배를 인도하게 하였다. 6월과 7월 두 달 동안의 방학에는 신학생들을 더 파송하여 믿는 자들을 격려하고, 나중에는 신학생 중에서 선발된 사람이 그들과 함께 살면서 교회를 개척하게 하였다. 그 결과 그 지역에 교회와 사택이 붙은 예배 처소가 지어지기도 했다.

방학 때는 학생들을 데리고 이곳저곳을 돌아다녔다. 내 차에는 8명 정도가 탈 수 있었는데, 시골 교회에 갈 때는 앞에서 이야기한 경우처럼 차가 진흙에 빠져 다 내리게 하고 뒤에서 밀게 하는 해프닝도 종종 있었다. 그런 수고를 하면서도, 저들은 한국 사람인 신학교 교수가 신학생들을 데리고 집회를 하러 다닌다고 나름대로 순회 일정을 잘 짰다.

5년 만에 목사를 본 사람들

딸랑 붕우르(Talang Bungur)라는 곳에서 교회를 개척할 때의 일이다.
주민들은 그곳을 데사 뜨리물리아(Desa Trimulia)로 부르기도 하였다.
1988년 1월 6일 수요일이었다고 기억하는데, 마침 신학교는 방학이고
다른 바쁜 사역이 없는 날이어서 그 지역에 가보기로 하였다. 아침에
운전하기를 좋아하는 요하네스(Yohanes)라는 학생과 함께, 예수를 믿
기를 원하는 사람들이 살고 있지만 복음 전도자가 방문하지 않은 마을
이 그 지역에 있다고 하여 가보기로 한 것이다.

그 마을 사람들은 팔렘방으로 가는 길에서 쁜도뽀(Pendopo) 방향의
왼쪽 길로 들어갔다가, 다시 왼쪽으로 난 작은 비포장 길을 따라 깊이
들어가야 만날 수 있었다. 마을에는 스물한 가정이 살고 있었는데, 그
중에 일곱 가정이 기독교인이었다. 삼거리에 나무로 지은 집이 있었는
데, 처마 밑에 두 개의 십자가를 그려놓고 있었다. 교회로 쓰는 집 같았
다. "나는 한국에서 온 목사인데, 당신들이 예수를 믿기 원한다는 소문
을 듣고 왔다"고 소개하자 사람들이 그 집으로 모여들었다. 그들은 내
게 우유와 바나나를 대접하며 환영하였다.

내가 예배를 인도하겠다고 하자 모두 기뻐했는데, 이상한 일은 그 다
음에 한 그들의 행동이었다. 다들 어디론가 사라지는 것이었다. 그랬다
가 30-40분쯤 지나 다시 모였다. 전부 옷을 갈아 입었는지 깔끔해진
모습이었다. 알고 보니 예배를 드린다고 삼거리 옆에 있는 강에 목욕
하러 다녀온 것이었다. 예배를 드리려면 먼저 몸을 씻어야 한다는 것이
그들의 생각이었다. 나는 그들이 사라진 것이 황당했고 잠시 실망했는

자바 이주민 지역에 개척한 교회에서 교인들과 식탁 교제를 나누던 모습.

데, 그 이유를 알고 나서 크게 감동하였다.

그들은 기독교인이 된 다음에 목사를 본 것이 5년 이상이나 되었다고 하였다. 나는 먼저 어린아이들을 위하여 성경 이야기를 들려주고, 이어서 어른들에게는 예수님이 우리의 죄를 대속하신 구세주이심을 전하였다. 예배를 마친 후, 무엇을 필요로 하느냐고 그들에게 물었다. 그러자 아이들에게 글을 가르칠 수 있는 선생님을 한 분 보내주면 좋겠다고 입을 모았다. 그렇게 해주면 그 선생님이 거주할 집과 먹을 것은 자기들이 담당하겠다고 하였다. 그 마을에는 초등학교도 없어서, 그곳에서 살 수 있는 전도사가 와서 교회를 목회할 뿐 아니라, 주중에는 어린이를 가르칠 교사 역할도 해줄 것을 요청한 것이다. 그래서 나는 평일에는 교사로서 아이들을 가르치고, 주일에는 예배를 인도할 신학생을 한 명 보내주겠다고 약속하였다. 그리고 신학교로 돌아와 교수회의에서 결정하여, 1년간 목회 실습을 하러 나가 있던 요수아 사키르(Yosua Sakir)라는 고등성경학교 4학년 학생을 그 동네로 보내 교사 겸

전도사로 사역하게 하였다.

아이들을 가르치는 교실을 겸해 예배 장소로 사용할 집은 주민들이 자기들의 손으로 지었다. 나는 못을 구할 약간의 돈만 지원해 주었다. 그런 다음 3개월쯤 후에 헌당예배를 드리러 와달라고 하여 가보았는데, 놀랍게도 동네가 완전히 새로워진 것 같았다. 예배당까지 세워진 것을 보고 기쁨이 한량없었다.

대신 벌 받아주는 제도와 무슬림

벙클루 주의 쭈룹(Curup)이라는 도시 지역의 교회에서 청년 집회를 했을 때 일이다. 순회 집회를 다니면 주로 내가 설교했지만, 그곳에서는 훈련을 위해 학생들이 설교하도록 하였다. 그 교회의 청년 중에서 그 해 말에 여러 명이 신학교에 지원했다. 그때 초등학교 교사를 하던 사람이 신학교에 입학하여 지금은 총회장이 되었다.

그 지역을 순회하는 기간중에 벵코라는 마을에서 특별한 집회를 열었는데, 이슬람 교도들에게도 초청장을 보낸 것이다. 뒤쪽에 이슬람 남자들이 머리에 무슬림 모자를 쓰고서 앉아 있는 것이 보였다.

나는 어디를 가든 제일 먼저 예수님이 누구이시며 어떤 일을 하셨는가 하는 복음의 본질적인 내용을 설교했다. 그날도 그런 내용으로 설교하였다. 구약의 내용부터 시작하여 제사에 대해 설명하였다.

"하나님이 우리의 죄를 대신해서 벌을 받아주는 제도를 만드셨다. 우리가 다 벌 받아야 할 죄인인데, 양이 대신 벌을 받아주는 제도가 바로 제사였던 것이다. 하나님이 그걸 보시고 용서해주신 것이 바로 속죄 제사다. 그런데 사람의 죄를 용서받는 제사가 효과가 있으려면 세 가지 조건이 필요하다. 첫째, 그 희생제물이 사람이어야 한다. 둘째, 그는 죄가 없는 사람이어야 한다. 셋째, 그 사람이 모든 사람이 가진 가치를 합한 것보다 더 가치 있어야 한다. 그래야 모든 사람의 죄를 대신해서 벌을 받아줄 수 있기 때문이다. 하지만 사람 중에는 그럴 사람이 없다. 그래서 하나님이 직접 인간의 몸을 입고 세상에 죄 없는 분으로 오셨다. 그분이 바로 하나님이 인간으로 오신 예수님이다. 예수님이 십자가에 달려 죽은 것이 우리의 죄를 대신해서 벌 받아 죽는 속죄 제사의 행위였다."

이상한 일은 내가 십자가 사건을 설명할 때 이슬람 교도들이 담배를 피우기 시작했는데, 한 명이 벌떡 일어나더니 밖으로 나간 것이다. 결국 모두 나가버렸다. 그들의 마음에 굉장한 갈등이 생겨서 그랬던 것 같다.

더 놀라운 일은 다음날에 일어났다. 그들 가운데 한 명이 나를 집으로 초청하더니 예수님을 영접하겠다고 한 것이다. 집회에선 다른 이슬람 교도들이 서로 지켜보는 분위기 때문에 설교를 듣고도 예수님을 영접할 수 없었다고 하였다. 나중에 들으니 예수님을 영접한 사람이 그 말고도 더 있었다고 한다. 나는 무슬림이라 해도 복음에 대해 열려 있다는 것을 깨달았다. 우리가 그들에게 복음의 본질을 전하지 않아 듣지 못해서 반응하지 않은 것이지, 복음을 전하면 실제로 그런 열매가 있다는 걸 그때 알았다. 너무나 감격스러웠다. 나는 팀을 끌고 가서 고생했다고 생각했는데, 성령께서 역사하시는 일이 그렇게 많았다.

나의 제자로서 총회장이 된 목회자와 미전도종족 사역에 대해 의논하였다.

나는 그때 신학교에서 강의는 하고 있었지만, 나의 인도네시아 언어 수준은 아직 단순했을 때였다. 특히 설교할 때는 학문적인 단어를 쓸 수 없었다. 어린아이 수준의 단순한 용어로 설교했다. 그래서 오히려 사람들이 더 쉽게 알아들을 수 있었고 열매가 많았다고 신학생들이 내게 말했다. 인도네시아에 간 지 40년이 지난 지금은 언어도 능숙해지고 경험도 많아졌지만, 초기인 5년에서 6년까지는 나의 능력에 의존하기보다 성령께서 나의 단순성과 순수한 열정을 통해 일하실 때 얻은 열매가 더 많았던 것 같다. 그때의 제자들 가운데 여러 명이 총회장이 되었는가 하면, 이제는 나와 동역하는 지도자들이 되었다. 벌써 은퇴하는 이들까지 생겼다. 세월이 그렇게 지났다.

1만 원의 힘

학생들의 지도교수로 일할 때, 내가 맡은 학생이 열 몇 명이었다. 그들

장학금을 후원하고 있는 단중에님 신학교 학생들과 함께 기도하였다.

에게 금전출납부를 쓰게 했다. 돈이 어디에서 얼마 생겼고 어디에 얼마를 썼는지를 기록함으로써 재정 관리에 대한 훈련을 시킬 목적이었다. 지도교수로서 그걸 검사하곤 했는데, 들어오고 나간 돈이 한 푼도 없는 보이크 뚜랑안이라는 학생이 있었다. 치약과 비누 살 돈도 없어 보였다. 그에게 금전출납부를 돌려주며 봉투에 1만 5천 원 정도를 넣어주었다. 그가 훗날 싱가포르 밑에 있는 바땀(Batam) 섬에서 목회했는데, 교단에서 가장 큰 교회의 목사가 됐다. 중국계 부인은 주유소를 소유하고 있을 정도로 부자였고 영어로 통역을 할 수 있을 정도로 지적인 여성이었다. 내가 말레이시아에서 3년간 GP선교회의 훈련원장을 할 때 14명의 훈련생들을 데리고 그가 있는 곳으로 현장 여행을 갔는데, 옛날의 교수님이 왔다고 내게 설교를 부탁했다. 교인들에게 나를 소개하면서, 나는 다 잊고 있던 옛날이야기를 꺼냈다.

"내가 신학생 시절에 너무 가난해서 비누도 치약도 살 돈이 없었습니다. 그런데 나를 지도했던 김 교수님이 금전출납부를 돌려줄 때 봉투를 넣어주셔서 필요한 것을 살 수 있었습니다. 그렇게 내가 교수님의 도움을 받아 지금 이렇게 목사가 됐습니다."

설교를 마치고 돌아갈 때 내게 강사료와 훈련원 후원비로 봉투 두 개를 주었는데, 놀랍게도 싱가포르 달러로 500달러씩 들어 있었다. 한국 돈으로 100만 원이나 되는 큰 돈이었다. 내가 말이 지도교수였지 사실 그를 전적으로 가르친 것도 아니었는데, 나의 작은 마음을 크게 여기고 기억했다가 수십 배로 돌려준 것이다. 그때 내가 새삼 느낀 것이 있다. 이 나라의 신학생들은 내가 한국에서 신학을 공부할 때 가난했던 것보다 훨씬 가난하다는 사실이었다. 학비는커녕 최소한의 생활비도 없는 학생이 많다.

나는 요즘에도 단중에님 신학교의 학생 5명을 선정해 매달 백만 루피아씩 주고 있다. 한국 돈으로 10만 원도 안 되는 적은 돈이다. 물론 그 돈은 나의 후원자들에게서 받은 것이다. 나는 그들이 후원한 돈이 5명의 신학생에게 구체적으로 전달되고 있다고 보고한다.

종종 단중에님 신학교에 와서 게스트룸에 머물면 방을 청소하고 식사를 챙겨주는 학생들에게 10만 루피아(8천 원 정도)라도 용돈으로 쓰라고 주곤 한다. 그거면 비누 같은 생활용품이나 학용품을 살 수 있을 것이다. 내게 도움을 받았다고 큰 사례비로 보답한 뚜랑안 목사처럼 그들이 나중에 갚을 것을 기대해서가 아니다. 그저 조금씩이라도 주는 것이 그들에게 도움이 된다고 생각하기 때문이다.

나는 한국교회에서 만나는 후원자들에게 큰 부담을 느끼지 않으시도록 매월 단돈 1만 원씩이라도 괜찮으니 선교비를 내시라고 말씀드리곤 한다. 매월 10만 원에서 20만 원씩 헌금하기는 보통 사람들은 사실 어렵다. 하지만 1만 원 정도는 마음먹기에 따라 누구라도 할 수 있을 것 같다. 한국 사람에겐 그렇게 큰 돈이 아니지만, 이 나라에서 복음을 전하겠다고 신학을 공부하고 있는 가난한 학생들에겐 만 원도 큰 힘이 될 수 있다. 새삼 선교비를 보내주시는 후원자들에게 감사드린다.

감사한 것은 내 사역의 열매가 바로 그런 사람들이라는 사실이다. 물론 여기에서 사역을 위해 필요한 건물이나 땅 같은 것을 확보한 것이 아주 없지는 않았다. 내가 종족 사역자들을 지원하는 돈이면 매달 작은 교회 하나씩을 지을 수도 있을 것이다. 돈으로 예배당을 짓는 사역만 했다면 그동안 수백 개의 교회를 지었을 것이다. 인도네시아에 몇 개의 교회를 지어보기도 했지만, 하나님이 크게 기뻐하지는 않으셨던 것 같다. 오히려 그것 때문에 시험에 든 일도 있었다.

09
아직 전도되지 못한
종족을 위해

내 사역의 목표와 초점

내가 선교사로서 사역하면서 사명이자 목표로 삼은 것은 건물이나 조직이 아니다. 아직 복음을 듣지 못한 미전도종족에게 복음을 전하는 것이다. 선교의 본질은 아직 하나님의 이름을 모르는 사람들이 구원을 받고 하나님 앞에 나아와 그분의 이름을 송축하게 하는 것이다. 복음을 전하여 주님의 제자를 삼고, 나아가 그들이 또한 복음을 전하게 하는 것이다. 그러므로 진정한 선교는 미전도종족을 향한 것이어야 한다고 나는 늘 강조한다.

특별히 내가 사역하고 있는 나라인 인도네시아는 사실상 이슬람이

문화적으로 지배하는 국가이며 1만 7천 개에 달하는 섬이 있는 만큼 미전도종족이 많다고 추정된다. 인구가 많아서 비율로는 이슬람에 비해 적을지언정 기독교인이 제법 많은 나라이므로 교회의 성장과 성숙을 돕는 사역도 중요하다. 하지만 내 사역의 진정한 목표와 초점은 이 나라의 미전도종족에 있다.

미전도종족의 일반적인 정의는 '다른 종족의 사람이 복음을 전해주지 않으면 복음을 들을 수 없는 사람들'이다. 그러니 복음을 전할 선교사가 필요하다. 하지만 이런 나라의 모든 종족마다 일일이 외국의 선교사가 다 찾아가기란 거의 불가능하고 효과적이지도 않다. 이 나라는 공용의 언어가 있고 정치적으로 통일된 나라이므로 다른 종족의 사람, 즉 인도네시아 사람들이 서로에게 드나드는 것은 문제가 없고 자유롭다. 쉽게 말해 인도네시아 사람으로 하여금 미전도종족에게 전도하도록 돕는 것이 훨씬 효과적이다. 종족마다 종족 언어가 있지만, 초등학교에서 공용어로 배우는 인도네시아어로 서로 소통이 가능하기 때문이다.

그래서 나는 전략적인 선교를 위해 신학교를 졸업한 인도네시아 사역자들을 종족의 숫자와 규모와 상관없이 한 종족마다 한 가정씩 배치하는 사역을 10년째 해오고 있다. 이 사역은 내가 단중에님 신학교에 부임하여 부근의 종족에게 신학생을 전도하러 보내고, 나 또한 직접 말씀을 전하러 다니면서부터 시작되었다. 지금은 나의 후원자들에게서 받은 선교헌금을 32개 종족에 한 가정씩 배치한 종족 사역자들에게 전달하며 후원하고 있다.

하지만 그 모든 곳에서 당장 사역의 열매를 거두고 있는 것은 아니다.

엄밀히 말해, 그 종족의 사람 중에서 자기 종족에게 스스로 복음을 전할 만한 사람이 아직 없다면, 그 종족은 여전히 미전도종족이라고 할 수 있기 때문이다. 종족 중에 예수님을 믿는 사람이 몇 명이라도 생겨서 그들이 직접 자기 종족에게 예수님을 전할 수 있고 전하고 있다면, 그 종족은 더 이상 미전도종족이 아니다. 그러므로 문제는 종족마다 예수님을 확실히 믿는 사람이 많이 생기는 것이다. 그렇게 되기 위해 미전도종족 지역에 가서 전도하며 교회를 개척하고 있는 미전도종족 사역자들을 후원하고 관리하는 사역은 계속 되어야 한다.

내가 단중에님 신학교에서 교수 사역을 시작할 때 알게 된 일이다. 단중에님 신학교가 위치한 단중에님에 사는 종족은 그 지역의 강 이름을 따서 에님(Enim) 종족이라는 걸 알게 되었다. 인도네시아 종족들의 이름은 보통 그들이 모여 사는 동네의 강 이름과 같은데, 역시나 그들이 사는 주변을 흐르는 강의 이름은 에님 강이다. 인도네시아의 마을은 어디를 가든 대개 강을 끼고 형성되기 마련인데, 숲과 밀림은 어디에나 있지만 물이 있어야 사람이 살 수 있으므로 그렇게 된 것 같다. 단중에님 신학교의 교수들은 에님 종족 가운데 예수님을 믿는 사람이 없어서, 신학교에 우편물을 배달하러 오는 에님족 사람을 전도하려고 노력하고 있었다.

어느 주일, 나는 차로 3시간쯤 가야 하는 라핫(Lahat)에서 구능 뎀포(Gunung Dempo) 쪽으로 가다가, 그 길에서 내지로 들어가야 하는 림바 짠디(Rimba Candi)라는 마을에 갔다. 림바 짠디 교회에서 주일예배의 설교를 해달라는 초청을 받았기 때문이다.

나는 예수님이 구원자이심에 대하여 설교하고, 마지막에 예수님을 구주로 영접할 사람은 일어서라고 도전하였다. 그날 여러 사람이 일어났는데, 그들 중에 어떤 나이 많은 할아버지와 할머니도 예수님을 영접하였다. 그 후 수개월이 지나 세례식을 하기 위해 그곳에 다시 갔는데, 그때 알게 된 놀라운 사실이 있었다. 바로 그 할아버지와 할머니가 에님 종족 사람이었던 것이다. 무척 감격스러웠다. 에님 종족 중에서는 처음 예수를 믿는 분들이었고, 내가 전하는 설교를 통해 이분들이 예수님을 믿은 에님 종족의 첫 열매였기 때문이다. 어떤 종족 중에 예수님을 믿는 사람이 생긴다면, 그 종족에게 복음이 전파된 것으로 볼 수 있다는 점에서 고무적인 일이었다.

복음을 전하는 노력이 중요한 이유

내가 미전도종족 사역을 몇십년째 해오고 있지만, 아직 어딘가에 복음이 전혀 전파되지 않은 종족이 분명히 있을 것이다. 종족의 개념을 어떻게 규정하느냐에 따라 전도된 종족일 수도 있고 아직 미전도종족일 수도 있다. 인류학적으로 종족을 어떻게 규정하느냐는 학자에 따라 견해가 다르다. 이른바 군체(群體), 집속체, 무리, 밀접해 있는 다수의 무언가를 총칭하는 영어 단어인 클러스터(Cluster)가 종족을 의미하는 개념인데, 종족 클러스터의 개념은 어느 한 가지 이론으로 규정하기 어렵다. 인도네시아만 해도 외모는 비슷해 보이는데 사는 지역과 방언이 달라 같은 종족이라고 보기 어려운 경우도 있다. 보통은 언어가 통하면 같은 종족으로 보고, 피부색과 외모로 구분하기도 한다.

선교학자이자 선교사인 랄프 윈터는 종족을 지나치게 작은 단위로 나누는 경향이 있었다. 하지만 헤셀 그레이브라는 학자는 현실에서는 종족을 세부적으로 구분하기 어렵다고 했다. 전도된 종족이냐 미전도종족이냐를 확정하기 곤란하다는 것이다. 어떤 종족 가운데 믿는 사람이 생겨서 이제는 미전도종족이 아닌 줄 알았는데, 믿었던 사람이 신앙생활을 하고 있지 않다면 여전히 미전도종족으로 간주해야 한다. 우리가 모르는 사이에도 어떤 종족 사람에게 복음이 전파되었을 수 있다. 그래서 지금 전세계에 남아 있는 미전도종족이 몇 개라고 단정할 수는 없다.

현재 내가 살고 있는 람빵만 해도 전체를 하나의 종족으로 보는 사람이 있는가 하면, 세부적으로는 세 개의 종족으로 나눌 수 있다고 한다. 여기에 사는 사람들이 겉으로 봐선 같은 종족인지 다른 종족인지 모호하다. 그래서 일부는 미전도종족으로 볼 수 있지만, 람빵을 큰 종족 클러스터로 규정하여 전체로 보면 이미 복음이 전파된 종족이 사는 도시로 볼 수도 있다. 그런 뜻에서 우리가 복음이 전파된 종족의 수를 헤아릴 수 있다 해도 예수님이 언제 오시는 것이라고 단정할 수 없다. 우리는 그저 아직 복음을 듣지 못한 사람에게 복음을 전하는 노력을 계속할 뿐이다.

종족의 개념과 미전도종족 선교와 종말론과 관련하여 생각할 수 있는 오해가 있다. 아직 미전도종족에 대한 복음 전파가 다 이뤄지지 않았으니까, '오늘은 예수님이 확실히 오지 않으시겠네' 하고 생각하는 것이다. 다시 말하지만, 우리는 모르고 있지만 오늘도 어떤 사람에 의

강을 끼고 형성된 마을마다 사람과 오토바이가 다닐 수 있는 줄다리가 놓여 있다.

해 어떤 작은 종족 사람에게 복음이 전파되었을 수 있다.

내가 끼낌(Kikim)족에 사역자를 배치해 두었는데, 그 종족 중에 예수 믿는 사람이 한 명 생긴 것 같았다. 예수 믿는 다른 종족 사람에게 끼낌족 여성이 시집온 것이다. 하지만 결혼한 다음엔 교회에 다니지 않고 있다고 한다. 그렇다면 그 종족이 아직 복음화된 것이라고 볼 수 없다. 그런데 람뿡에 있는 병원에 끼낌족 사람이 간호사로 와서 일하고 있는데, 그가 예수를 믿게 되었다고 한다. 끼낌족에 예수 믿는 사람이 없다고 생각했는데, 한 명이 생긴 것이다. 그러므로 한마디로 말하면 정확하게 모른다는 게 답이다. 단지 성경이 말하는 것, 곧 "모든 민족에게 복음이 증거되리니 그제야 끝이 온다"고 하신 예수님의 말씀은 분명한 진리라는 사실뿐이다. 우리는 모든 종족이 복음을 들어야 한다는 점에서 때를 얻든 못 얻든 복음을 전할 뿐이다. 우리는 주님이 오실 수 있도록 아직 예수 믿는 사람이 없는 것 같은 종족에게 계속해서 복음을 전해야 한다.

있는 그대로 받아들여야 할 말씀

이스라엘이 회개하고 돌아와야 주님이 다시 오신다는 말씀에 대한 종말적 사상도 있다. 백투예루살렘(Back to Jerusalem)이나 이스라엘 회복, 복음의 서진(西進) 같은 운동들이다. 세계 역사를 볼 때 복음이 서쪽으로 계속 전해졌으니 결국 예루살렘으로 돌아갈 것이라는 생각인데, 그러면 복음이 남쪽인 아프리카로 간 것은 어떻게 설명하려는가? 지금은 오히려 남부 아프리카가 더 복음화되고 있다. 역사를 대세적으로 보니까 서진했다는 것이지, 그걸 지나치게 주장하면 문제가 있다.

이스라엘의 회복에 대해서도 마찬가지다. 이스라엘이 시기나게 해서 다시 주께로 돌아오게 된다는 로마서의 말씀(롬 11:14)도 이스라엘의 회복이라는 개념으로 보기에는 분명하지 않다. 이스라엘 사람들이 구체적으로 어느 정도로 돌아와야 한다고 정확하게 말하는 것도 아니다. 나중에 주님이 다시 오시면 그런 말씀이 어떻게 이뤄졌다는 걸 볼 수 있을 것이다.

그럼에도 불구하고, 더러는 백 투 예루살렘과 이스라엘의 회복이라는 두 가지가 말세에 예수님이 오시기 전까지 이뤄져야 할 일이라고 주장한다. 그러나 예수님이 오실 날과 시는 아무도 모른다. 이것 또한 성경이 분명히 말씀하는 것이다. 주님이 다시 오시는 건 주님이 결정하실 일이지 우리가 결정할 일은 아니다. 다만 필요충분조건이 이뤄져야 그날이 오는 건 성경을 볼 때 분명하다. 나는 그 조건이 예수님이 직접 구체적으로 말씀하신 미전도종족에 대한 선교라고 믿는다.

"모든 민족에게 복음이 전파되어야 끝이 오리라"는 말씀은 직설법이다(마 24:14; 막 10:13). 성경이 분명하게 기록한 것이기 때문이다. 이건 액면 그대로 받아들여야 한다. 다만 앞에서 말한 것처럼 모든 민족에게 복음이 전파되었다는 사실을 수치로 파악하기는 불가능하다. 우리는 그저 말 그대로 모든 민족에게 복음을 전파할 뿐이다.

이스라엘 회복을 위한 선교도 이스라엘 전부가 유대교를 버리고 기독교인이 되도록 한다는 뜻은 아니다. 그건 그저 이스라엘이 스스로 시기하여 주께 돌아오게 될 것이라는 성경의 예언일 뿐이다. 그러므로 우리는 독단적으로 어느 것만 종말론적 선교라고 말해선 안 된다. 예수님이 다시 오시기 위해 이뤄져야 할 조건들인 것은 분명하지만, 그런 것들과 주님이 오실 날짜는 상관이 없다. 그래서 때를 얻든지 못 얻든지 항상 복음을 전하라고 하신 것이다.

모든 사람이 다 선교지에 가 있을 수도 없다. 기도로 세계를 돌아다닐 수도 있지만, 실제로 할 수 있는 건 내가 있는 자리에서 내가 하는 그일뿐이다. 그저 우리가 영향을 줄 수 있는 범위에서, 복음을 듣지 못한 사람들이 선교의 우선순위 대상이 되도록 노력해야 한다.

전도가 효과 있으려면

선교지가 아닌 한국에서 살아갈 때도 마찬가지이다. 예수 믿는 사람들끼리만 어울리면 안 된다. 결국 불신자들이 있는 곳에서 어떻게 살아갈 것이냐가 중요하다. 그렇다고 해서 극단적으로 교회를 부정하고 세상에서만 살아야 한다는 것도 옳지 않다. 예수 믿는 사람들의 공동체로서 강력한 교제가 있어야 선교할 수 있는 기초가 될 수 있다. 그래야 힘을 얻어서 외부로 선교하러 나갈 수 있는 힘도 생긴다.

교회는 안에서 하는 교제도 중요하고 밖에서 하는 전도도 중요하다. 한쪽만 강조하면 안 된다. 공동체 안에서 먼저 서로 사랑하면 "세상이 너희가 내 제자인 줄 알리라"고 하셨다. 교회 자체 내에서 서로 사랑하는 걸 세상에 보여주는 것은 필요하다. 그래야 세상에 복음을 전하는 일이 성공적일 수 있다. 그런데 선교만 중요하다고 주장하는 사람은 교회 공동체를 공격할 수 있다. 그건 하나님이 기뻐하시는 일이 아니다.

크리스천의 성경적 삶에는 매우 다양한 측면이 있다. 보편적이고 종합적이고 총체적이어야 한다. 그런 삶이 쉽진 않지만 고민해야 한다. 그 삶의 기초는 빛과 소금이 되어 사는 것이다. 스스로 빛이 되고 소금이 되면 빛을 발하고 맛을 낼 것이다. 그러면 결국 주위에 영향을 주게 돼 있다. 그래서 삶 자체에서 성령의 열매가 중요하다. 예수 믿는 사람답게 정직하고, 사랑, 희락, 화평, 오래참음, 자비, 양선, 충성, 온유, 절제가 있어야 한다. 그래야 전도도 효과가 있게 된다. 사람들이 기독교를 인정해야 전도가 되기 때문이다. 말로만 전도하면 결국 실망하고, 오히려 하나님의 영광을 가릴 수도 있다. 어떤 경우 전도한다고 소리를 지르는 모습을 보면 오히려 복음 전도에 도움이 되지 않는 것 같다. 물론 성령이 역사하시면 그 말에도 영향을 받아 예수님에게 관심을 가지고 믿을 수도 있을 것이다.

10

사람 앞에서 예수를
시인하는 선교사

절박하고 친절한 선교

인도네시아 정부는 이슬람, 개신교, 가톨릭, 힌두교, 불교, 중국 종교 등 6개를 종교로 공식 인정하며, 이단도 들어와 있지만 원칙적으로 인정하진 않는다. 인도네시아의 종교 분포 비율을 보면 이슬람이 80퍼센트로 가장 많고 둘째가 기독교(개신교)인데, 8퍼센트에서 최대 10퍼센트로 추정하기도 한다. 인도네시아 인구가 2억 8천만 명이니 10퍼센트면 무려 2천 8백만 명인 셈이고, 적게 잡아도 2천만 명은 넘는다고 보아야 한다. 숫자로만 보면 인도네시아가 한국보다 크리스천이 많은 나라인 것이다.

인도네시아에는 미국과 독일 등 세계 각지에서 온 선교사들에 의해 기독교가 뿌리를 내렸는데, 지역에 따라 기독교인이 많았던 곳도 있었다. 이리안자야(파푸아 뉴기니의 서쪽)는 한때 110만 명의 주민 중에 70퍼센트가 기독교인이었는데, 인도네시아 정부가 인구 이동 정책을 세워 무려 500만 명의 무슬림을 그곳에 이주시켰다. 그래서 지금은 비율로는 기독교인이 소수가 됐다.

인구로나 문화적으로나 이슬람이 지배적인 인도네시아의 선교사가 되기로 한 우리 부부는 결혼하고도 아기를 가지지 않기로 결심하였다. 선교지에서 자녀가 고생할 것을 염려해서가 아니었다. 그 전에 우리가 '환자'가 되어 언제 천국에 가게 될지 모른다는 생각 때문이었다. 인도네시아에 가면 한센씨병 환자가 있는 곳에서만 사역해야 한다고 잘못 알고 있었고, 이슬람 지역에서는 기독교 선교사가 순교당할 가능성도 있다는 말도 들었던 터였다.

그런데 결혼하고 얼마 뒤에 딸 리나가 생겼다. 선교지에서 자란 리나는 연세대학교 대학원에 재학중일 때 UN 여성부의 인턴이 되어 내전 이후의 아프리카 여성의 인권 실태를 조사하는 프로그램에 참여했는데, 아프리카에서 제3세계 여성 인권을 위한 법률가가 되기로 결심했다. 그래서 영국 옥스퍼드대학교에서 공부하고 미국에서 변호사 자격을 취득했다. 지금은 결혼하여 캐나다에 거주하고 있다. 우리 부부는 이 딸이 자란 과정에서 하나님의 깊고 선하신 섭리와 구체적인 배려를 보았기에 감사드리지 않을 수 없다.

어쨌든 나는 참 단순했던 것 같다. 선교사가 되어 이슬람 지역에 가면 금세 죽는 줄 알았고, 이슬람 교인들은 전부 마귀의 탈을 쓴 사람이라고 알고 있었다. 나만 해도 인도네시아에 처음 왔을 때는 바로 죽을 것을 각오했을 정도로 이 나라와 이슬람에 대한 정보가 충분하지 못했다. 그만큼 선교에 대해 절박하게 느낀 건 사실이었다고 생각한다.

그런데 막상 인도네시아에 와서 살아보니 모든 이슬람이 꼭 그런 건 아니었다. 내가 이 나라에서 40년간 살며 경험한 바로는 기독교에 대한 그들의 거부감이 우려에 비해 크진 않았던 것 같다. 또한 고마운 건, 그들이 내가 한국인일 뿐 아니라 선교사로서 자기 나라에 와 있는 목사라는 걸 알게 되어도 특별히 거리를 두거나 경계하지는 않는 것이다. 그들 중 어떤 사람은 자기들이 존중하는 이슬람 지도자를 대할 때처럼 존경의 태도를 보이기까지 한다. 구약성경에서 공유하는 부분이 있어서 그런 것 같다. 내가 어쩌다 예수님을 믿어야 한다고 조금 강하게 전도해도, 물론 속으로는 거부감을 느꼈을지 몰라도 그렇게 큰 문제는 없었다. 다만 내가 무슨 말을 하고 어떻게 행동하는지는 지켜보는 것 같다. 그래서 우선 나부터 인도네시아의 모든 사람들에게 열린 자세로 친절히 대하는데, 상대가 이슬람이면 특히 친절하려고 노력한다.

나는 식당에서 밥을 사 먹을 때 주인이 무슬림이면 일부러 더 맛있다고 칭찬해준다. 맛이 있다는데 싫어할 식당 주인은 없다. 반응이 괜찮으면 그 식당을 위해 축복하는 기도를 해주고 싶다고 말한다. 이 역시 싫어하지 않는다. "이 식당과 주인과 종업원과 오는 모든 손님까지 하나님의 복을 받기를 바랍니다"라고 기도하면 매우 흡족해한다. '하나님의 축복'이라는 말을 '알라'에게 복을 비는 것과 같다고 생각해서일 것이다. 간혹 고맙다며 밥값을 받지 않는 경우까지 있었다. 친절하게 행동해서 손해볼 일은 결코 없다.

인도네시아 사람들의 인사법

친절과 관련하여 참고로 알아두면 좋을 인도네시아 예절 문화를 한 가지 소개하고 싶다. 이 나라의 악수 예절은 한국과 서양의 방식과 정반대이다. 한국에서는 여자가 먼저 손을 내밀어야 남자가 악수를 할 수 있다. 남자가 처음 만난 여성에게 먼저 손을 내밀거나 몸을 만지는 건 실례이고 오해를 살 수 있기 때문이다. 또한 지위가 높은 사람이 먼저 손을 내밀면 낮은 사람이 몸을 숙여 그 손을 잡는 게 일반적이다. 하지만 인도네시아 사람들은 항상 남자가 먼저 손을 내밀어야 하고, 낮은 사람이 윗사람에게 악수를 청할 수 있다. 그래서 이 나라에서 누가 먼저 손을 내미느냐는 상대에 대한 자신의 신분을 나타내는 행위이다. 하지만 나는 상대가 여성이든 남성이든 지위 고하를 막론하고 무조건 내가 먼저 손을 내민다. 내가 남자이니까 여성에게 손을 내미는 것은 괜찮고, 신분이 낮은 사람에게 악수를 청하는 것은 겸손한 자세가 되기 때문이다.

그러니까 만약 인도네시아에 오게 되면 누구에게든 먼저 손을 내밀라. 처음 만난 사람에게는 물론이고, 다음날 또 보게 되더라도 먼저 악수를 청하라. 하루에 몇 번을 반복해서 만나더라도 상관없다. 만날 때마다 악수해도 된다. 오히려 더 좋아할 것이다. 악수가 이 나라에선 예절과 인사 문화로 정착돼 있기 때문이다. 매우 좋은 사람이라는 소리를 들을 수도 있다.

한국 사람은 간혹 오른손에 뭔가 들고 있거나 다쳤다든지 하는 사정 때문에 오른손으로 악수하기 곤란하면 왼손으로 대충 하기도 하지만, 이 나라에선 반드시 오른손으로만 악수한다는 것도 기억해두면 좋다.

인도네시아 사람들의 성품은 어찌 보면 우리나라 사람들보다 나은 면이 있는 것 같다. 나는 이 나라에 이슬람이 많다고 하여 처음엔 경계했는데, 살아보니 그들은 대개 심성이 착하고 이타적이다. 이 나라의 이슬람 주요 종파가 우리가 알고 있는 급진적인 이슬람 종파와 조금 다른 점도 있기 때문일 것이다.

이 나라 사람들은 처음 만난 사람끼리 눈을 마주치면 일단 씩 하고 웃는다. 한국 사람들은 '왜 쳐다보느냐'고 기분 나쁜 표정부터 지을 것이다. 하지만 인도네시아 사람들은 심성이 순박해서 그런지 모르는 사람이 쳐다봐도 잘 웃어주는 편이다. 물론 한국 사람들도 요즘엔 외국인을 만나면 친절하게 대하지만, 이 나라 사람들은 남녀노소를 막론하고 마주치면 항상 웃는다. 열린 마음으로 대해준다는 걸 느끼는 순간이다.

경우에 따라 다르기도 하지만, 요즘엔 오히려 한국 사람들이 더 이기적이고 자기중심적일 때가 많은 것 같다. 5년간 한국에서 목회하는 동안 그 차이를 더 확실히 느껴보기도 했다. 그런 점에서 나는 한국에 있을 때보다 인도네시아에 있을 때 마음이 훨씬 편하다. 한국에서는 누구를 만나든 조심하게 되는데, 인도네시아에서는 그런 긴장감을 덜 가져도 된다. 내 외모가 이 나라에 많이 살고 있는 중국계 종족과 비슷해서 잘 구분되지 않는 것도 이 나라에서 사역하는 선교사로선 편하고 장점인 것 같다. 어쨌든 내가 목사이고 그들에겐 외국인이기 때문에, 나의 표정과 언행이 좋지 않다면 하나님의 영광을 가릴 수 있으므로 여기서도 늘 조심하기는 한다.

인도네시아 이슬람의 근대사

인도네시아의 이슬람은 중동 지역의 이슬람과 달리 포교된 과정이 다른 만큼 그 성격도 다른 편이다. 인도네시아가 동남아시아 국가 중 하나여서 불교가 강세일 것 같은데, 이 나라에선 이슬람이 오랜 세월에 걸쳐 깊이 뿌리내렸다. 중동이나 중앙아시아 국가처럼 정복 전쟁을 통해 이슬람 국가가 된 것이 아니라, 상인이나 이슬람 선교사에 의해 서서히 전파된 것이다. 인도네시아는 수많은 섬으로 이뤄진 나라여서 근본적으로 정복이라는 정치적 방식으로 종교가 전파되기 어려운 나라이기도 하다.

한편으로 아쉬운 사실은, 1602년부터 1942년까지 총 340년간 이른바 '화란 개신교'로 유명한 네덜란드가 인도네시아 열도를 식민 통치했음에도 불구하고 선교에는 소극적이었다는 점이다. 인도네시아 역사 전문가들에 의하면 네덜란드의 동인도회사가 동남아시아 진출의 거점으로 자카르타를 주목했고, 이곳을 무역의 중심지로 활용했다고 한다.

인도네시아의 이슬람이 중동의 이슬람과 다르게 보이는 역사적 배경이 있다. 화란과 일본의 짧은 식민 통치가 끝나고 독립 국가가 되면서 이슬람 단체의 주도로 정당이 구성되었고, 이후 30년간 독재한 수하르토 대통령에 대항해 민주화를 추구해온 정치 운동에서도 비교적 온건한 이슬람 단체들이 주도했다고 한다. 심지어 여성을 배제해온 전통적 이슬람 국가들에 비해 여성의 권익이 크게 존중돼온 국가가 인도네시아다. '사레깟'으로 알려진 인도네시아의 대표적 이슬람 종파는 강령으로 '선거제도의 확립과 양성평등과 민주 정부' 등을 내세우기도 했다. 그래서인지 전 미국 국무부 장관이자 미국 민주당의 대통령 후보였던 힐러리 클린턴은 "이슬람, 민주주의, 모더니티(modernity), 그리고 여성의 권리가 (한 나라에서) 공존할 수 있는지 알고 싶으면 인도네시아로 가보라"는 말을 했다고 한다.

인도네시아의 이슬람이 온건하기만 했던 건 아니다. 20세기 말에 이슬람 부흥의 영향을 받았는지, 2000년 성탄절을 전후해서 수도 자카르타를 비롯한 6개 도시에서 일부 급진적 이슬람이 교회에 테러를 일으켰다. 이때 불에 탄 교회에서 목사가 죽는 일까지 있었다. 이 일은 흔히 알려진 강경파 이슬람인 '알카에다'와 연계한 '제마 이슬라미야'가 일으킨 것으로 알려져 있다. 호주대사관에서는 폭탄 테러가 일어나기도 했다. 2016년에는 중국계 기독교인인 '아혹'이라는 사람이 자카르타의 주지사가 되면서 정치적 갈등이 심화되기도 했다.

2022년에는 이슬람의 율법에 가깝게 법을 개정하는 일도 있었다. 혼외 성관계가 적발되면 1년 이하의 징역에 처하고, 혼전 동거가 들키면 6개월 이하의 징역을 받는 조항이 생겼는가 하면, 낙태 금지와 신성모독 금지까지 포함되었다. 특이한 것은 이때 '무신앙 권고'가 금지된 것이다. 그래서 인도네시아 사람들은 어떤 종교든지 하나 이상은 가져야 하며, 그것을 주민등록증에 표시해야 한다.

나 또한 장기체류자로서 2020년에 발급받은 이 나라의 주민등록증에는 외국인으로서 남한 출신이라는 출생 국적과 혈액형이 표시돼 있을 뿐 아니라, 기독교인이며 종교인, 즉 목사라는 신분까지 명시돼 있을 정도로 이 나라에서 종교는 삶에서 필수 요소로 간주된다. 종교인으로서 살아가는 데 문제가 없다는 뜻이지만, 모든 면에서 자유롭다고 해석하긴 곤란하다. 현실에서 이슬람이 지배적이기 때문이다. 2023년에는 '유니버시아드 20', 즉 U-20 월드컵의 개최 예정지가 인도네시아 발리섬이었음에도, 인도네시아의 일부 정치가들이 이스라엘의 참가를 반대하여 국제축구협회(FIFA)가 개최권을 박탈하는 일까지 있었다. 이슬람의 반유대 정서 때문일 텐데, 유대교와 기독교가 다름에도 불구하고 영향이 아예 없다고 볼 순 없을 것이다.

인도네시아를 비롯한 일부 이슬람 국가들이 급진적이고 보수적인 모습을 보이는가 하면, 한편으로는 점진적인 개방을 추구하고 있기도 하다. 그런데 어떤 선교사는 이슬람 국가들의 최근 현실의 다양성을 바르게 전하지 않고, 마치 지금도 복음을 전하면 금방이라도 죽을 것처럼 위험하다고 보고하는 경우가 아주 없지는 않은 듯하다. 그런 보고를 받는 교회들은 아무래도 더 염려하여 후원금을 늘릴 수도 있을 것이다. 하지만 현대의 선교는 그렇게 극단적이거나 왜곡된 정보를 통해 이뤄지는 것이 아니다. 인터넷이 일상이 된 시대에서 그럴 수도 없다. 선교사들은 현지의 특징과 상황을 정확하게 공유하고, 파송교회와 단체는 선교적 본질과 목적을 바르게 이해하며 선교사와 동역할 수 있어야 한다.

사실 이슬람이 주류인 나라에서 사역하는 선교사들 가운데 전통적이고 공개적인 방법으로 복음을 전하는 것은 위법이고 위험하다는 생각을 가진 경우가 있다. 공개적으로 개종을 시도하면 문제가 생길 수 있다고 보는 것이다. 그런 건 당연히 조심해야 한다. 하지만 그런 이유로 자신이 선교사임을 밝히지 않고 기독교인인 사실까지 감추기도 해서 동의하기 곤란한 경우가 있다. 심지어 무슬림 복장으로 그들의 예배에 동참하는 경우까지 보았다. 나는 그런 모습이 처음엔 잘 이해되지 않았다. 그런 식으로 선교한다는 분들을 만났을 때 이유를 물어보았는데, 그것이 그들 나름대로 경험에서 발견한 선교 방법이라고 하였다. '그들 속에서 살아보니 그렇게 하는 편이 더 낫다'는 걸 발견했다는 것이다. 그래서 나는 그런 선교 방법을 '발견된 선교론'이라고 부르곤 한다. 나는 그 의도 자체는 좋다고 생각한다. 우리는 당연히 역사 속에서 배우고 경험에서도 방법을 찾아야 하기 때문이다. 그러나 만에 하나 그 방법에 성경과 충돌되는 내용이 있다면 조심해서 받아들여야 한다고 생각한다. 아무리 참신해 보이는 생각도 비판 없이 다 받아들일 순 없다.

발견된 선교 방법에 대하여

인도네시아에서 소위 '발견된 선교 방법'을 적용하는 선교사들 중에 기독교인이 아닌 척하면서, 심지어 무슬림인 척 행세하며 비공개적으로 사역하는 경우가 있었다. 자신들은 나름 지혜롭게 사역하는 것이라고 생각하겠지만, 상대방인 무슬림 입장에서 보면 '양의 탈을 쓰고 들어온 이리'로 생각할 수 있지 않을까 싶어서 염려가 되었다. 어쨌든 거짓이니 말이다.

축구에서는 페인트 모션(feint motion)이라고 해서, 작전상 왼쪽으로 찰 것처럼 하다가 실제론 오른쪽으로 차기도 한다. 그런 건 기술이지 거짓이 아니다. 선교 사역이 스포츠의 페인트 모션에 비유될 수 없다. 기독교인인데 기독교인이 아닌 척하고, 옷도 무슬림처럼 입고, 금요일에 모스크에 가서 그들과 같이 이슬람 예배에 참여하는 것이 과연 축구의 페인트 모션과 같을 수 있을까? 내가 아는 선교사 중에도 그런 사람이 있었다. 그는 무슬림이 "당신은 무슬림이냐?"고 물으면 일단 무슬림이라고 답한다고 하였다. 나는 "당신이 크리스천인데 그게 무슨 소리냐"고 따졌다. 그러자 "하나님의 뜻에 순종한다는 뜻에서 무슬림이라고 말했다"라고 하였다. 하지만 그의 말을 들은 무슬림이 과연 그런 뜻으로 이해하겠는가? '눈 감고 아옹'이다. 그러면서 자기는 속으로는 예수님께 기도하고 예배드린다고 생각한다고 내게 설명하였다. 마음속으로는 무슬림이 아니라 해도, 남은 그렇게 생각하지 않는다. 나는 그 사람의 말을 듣고 더 깊이 생각하게 된 말씀이 있다. 예수님이 열두 제자를 파송할 때 하신 마태복음 10장의 말씀이다.

마10:32 　누구든지 사람 앞에서 나를 시인하면 나도 하늘에 계신 내 아버지 앞에서 그를 시인할 것이요

이 말씀을 하시기에 앞서 "몸은 죽여도 영혼은 능히 죽이지 못하는 자들을 두려워하지 말고 오직 몸과 영혼을 능히 지옥에 멸하실 수 있는 이를 두려워하라 참새 두 마리가 한 앗사리온에 팔리지 않느냐 그러나

너희 아버지께서 허락하지 아니하시면 그 하나도 땅에 떨어지지 아니하리라"(마 10:28-29)라고 하셨다. 한 앗사리온이란 아주 값싸다는 것인데, 그렇게 가치없는 참새가 땅에 떨어지는 것도 하나님이 허락하지 않으시면 떨어지지 않는다는 말씀이다. 그러니까 두려워하지 말고 남들 앞에서 예수님을 시인하라고 하신 것이다. "너희에게는 머리털까지 다 세신 바 되었나니"라고 하시면서 말이다.

선교사들 가운데 이슬람 교도인 척하면서 전도에 성공한 경우가 있다고는 한다. 그건 그렇게 사역하는 선교사와 하나님과의 관계이니 내가 상관할 수 없다. 그것이 소위 알려진 상황화 사역에서 'C 스케일'로 불리는 것이라고 알고 있다. 하지만 나는 그렇게 하지 않는다. 예수님이 주신 지침과 충돌하는 방법은 안 된다고 생각하기 때문이다.

나는 복음주의자이고 성경에 매여 있는 사람이다. 예수님이 직설적으로 하신 말씀은 다르게 해석해선 안 된다. 신학에서도 교리를 가르칠 때 직설적으로 하신 말씀은 다르게 해석해선 안 된다고 가르친다. 말씀의 비유를 알레고리적으로 해석하거나 영적으로 해석한다면서 사실은 자의적으로 적용하는 건 하나님이 기뻐하시는 일이 아니다. 성경의 비유나 사건에서 교훈을 찾아내는 성경적 해석은 가능하지만, 직접적인 명령은 말씀 그대로 받아야 한다. "주 예수를 믿으라 그러면 너와 네 집이 구원을 얻으리라"고 하신 말씀은 그대로 믿어야 한다. 이에 대해 다른 소리를 하기 시작하면 말씀의 본뜻이 완전히 달라질 수 있다.

나는 부모님이 지어주신 이름 병선(炳璇)을 인도네시아에 갔던 초기에는 쓰지 않았고, 대신 성경의 이름(Bible name) 중에서 바나바

(Barnabas)를 골라 썼다. '병선'을 인도네시아 언어로 잘못 발음하면 '항아리'로 들릴 수 있다는 걸 알았기 때문이다. 마침 바나바의 이름 뜻이 '착한 사람'이고, 내가 선교사로서 착한 바나바를 닮고 싶어서이기도 했다.

그런데 한국에서 수년간 선교단체 사역과 목회를 하고 2015년에 돌아와 보니, 내가 없던 사이에 인도네시아에서 '상황화 사역'을 하는 어떤 분이 성은 나와 같은 김 씨인데 바나바를 이름으로 쓰고 있었다. 그가 하는 사역의 방향이 내가 하는 사역과 달라서 구별할 필요도 있었다. 실제로 어떤 사람은 그가 한 일을 내가 한 일로 혼동하기도 하였다. 그래서 그후부터 바나바라는 이름은 포기하고 새 이름을 찾아 쓰고 있는데, 그 이름이 에스라(Ezra)다. 선지자 에스라가 성경을 열심히 연구했을 뿐 아니라 순종적이며, 사람들에게도 열심히 성경을 가르친 것을 본받고 싶어서다. 이제 인도네시아에서 나는 에스라 김(Ezra Kim)으로 불린다.

방법은 다양해도 예수님은 시인해야

인도네시아는 이슬람이 지배적인 나라인 건 분명하지만 예수 믿는다고 해서 법적으로 문제가 되는 나라도 아니다. 그런데 그걸 굳이 숨기고 할 필요가 과연 있을까? 나는 개인적으로 한국에서 온 목사이고 선교사라는 신분을 숨기지 않는다. 물론 새로 온 젊은 선교사 중에는 자기가 하는 사역의 특징 때문에 일부러 신분을 먼저 드러낼 필요가 없을 수도 있다. 일반 직업을 가지고 비즈니스를 겸해 선교하는 경우도 있기

주일마다 성경을 가르쳤던 예루살렘교회 강대상 앞에서.

때문이다.

인도네시아에서 내가 아는 어떤 분은 상황화 사역을 열심히 하는데, 나름 열매가 있고 효과적이라고 말한다. 그가 전도하는 분의 가족 전체가 이슬람 교도이기 때문에 그런 방법을 사용한다는 것이다. 이슬람은 그리스도를 따르는 사람을 '뿡이꿋알마시'라고 하는데, 예수를 믿게 됐지만 여러 사정으로 여전히 이슬람 교도들 가운데에서 살아야 하는 사람을 뿡이꿋알마시로 부르기도 한다. (인도네시아어로 '뿡이꿋'은 '따르는 자'를 뜻하며 '알마시'는 그리스도를 뜻한다.) 이런 사람은 선교사에게 세례를 받고 성경을 배우긴 하지만 겉으론 여전히 무슬림처럼 행동하고 그 속에서 살아가기에, 기독교인들과 더불어 공동체 생활을 경험하기 어렵고 성찬의식도 참여할 수 없다. 이것이 그들의 딜레마이다. 하지만 나는 그들의 사역 자체와 의도까지 부인하지는 않는다. 내가 그 방식을 따르지 않을 뿐이다.

영국의 황실에서도 황족이 결혼하면 때가 되어 아들이 태어나고, 그 아들이 자라 결혼하면 손자가 생길 것이다. 그러면 그 아들과 손자도 황실의 수준과 방법으로 성장하게 된다. 내가 군목으로 있던 군대에서 하사관이 아들을 낳던 날, 영국에서도 황태자가 태어났다. 생일은 같지만 황태자는 황실의 법도에 따라 자랄 것이고, 하사관의 아들은 그 수준에서 자랄 것이다. 선교 방법론도 마찬가지라고 생각한다. 어떤 방법으로 전도하여 새생명을 낳고 어떻게 훈련시키느냐 하는 방법은 서로 다를 수 있다. CCC가 제자를 양육하는 방법과 IVF가 양육하는 방법이 같을 수 없다. 교재도 방법도 다 다르다. 하지만 내 것이 옳고 남은 틀렸다고 말할 수 없다. 내가 모든 것에서 전문이 아니고 경험도 제한돼 있다. 그러므로 어떤 것만 전부라고 주장해서도 안 된다. 그저 최선을 다해 충성하는 모습만큼은 같아야 할 것이다. 그러면 언젠가 누구는 두 달란트를 남기고 누구는 다섯 달란트를 남길 것이다. 뭐가 됐든 열심히 해서 열매를 남기면 주님께 충성된 종이라는 칭찬을 들을 것이다. 그러므로 각자 가지고 있는 양심과 판단에 의해 선교하는 것을 정죄할 마음은 없다. 다만 성경이 기본적으로 말하는 것은 그대로 하자는 것이 내 생각이다. 자신이 예수를 믿는 사람이라는 건 분명히 해야 선교사라는 생각은 변함이 없다.

3부

—

주께서 주신 동산에
땀 흘리며 씨를 뿌려라

11

팔렘방교회의
1년간 1천 명 성장

팔렘방의 교회 개척자

나는 첫 임기인 4년 동안 단중에님에서 사역하다 5년째인 1989년 1월 부터 90년 6월까지 수마트라 중부의 도시 팔렘방에서 1년 반을 살면서 목회했다. 내가 팔렘방에서 처음 개척하여 빌립보교회로 불렀던 교회는 지금은 예루살렘교회(GPIN-Yerusalem)로 불린다. 그 교회는 내가 살던 집에서 시작한 것이고, 한국교회의 후원으로 그 옆의 땅까지 사서 예배당도 지은 것이다.

두 번째로 개척한 안디옥교회는 중심가를 조금 벗어나 배가 다니도록 설계한 다리를 건너 스브랑 울루의 길가 왼쪽에 있는 루꼬(Ruko)에 있었다. 인도네시아 도시에서는 상가와 주택과 사무실을 겸한 건물을 루꼬라고 부른다.

세 번째 교회는 공항 방면으로 시내 중심에서 5.5킬로미터 지점의 시장 좌측 길가의 루꼬를 얻어 시작했다. 네 번째 교회는 공항 건너편에 개척한 서머나교회다. 그 교회로 가려면 공항을 돌아가야 했다. (당시 공항은 주변 관리가 허술하여 사람들이 공항 활주로를 건너갈 수도 있었다.) 이렇게 여러 곳에 예배 처소를 세워가며 교회를 늘려간 까닭은 늘어나는 교인들의 거주지가 저마다 교회에서 멀기도 하고, 한꺼번에 다 모일 공간이 없었기 때문이다. 오후예배는 바딱 종족이 가진 큰 교회당을 빌려서 연합예배를 드렸고 그 예배에선 항상 내가 설교했다. 오전에는 내가 교회들을 돌아가며 한 달에 한 번 정도씩 설교했다.

단중에님에서 교수 사역을 하던 내가 팔렘방에서 목회를 하게 된 건 현지 선교부가 내린 결정이 큰 몫을 하였다. IMF의 연례 사역자회의(Rapat Kerja Tahunan)는 1988년에 수마트라의 오지에 집중하던 사역과 병행하여 도시들에도 교회를 개척하기로 결정했다. 하지만 처음엔 누구도 개척자가 되겠다고 나서는 사람이 없었다. 그래서 내가 팔렘방으로 이사하여 교회를 개척하기로 했던 것이다.

1989년 1월 22일, IMF의 게스트하우스에서 첫 주일예배를 드렸다. 단중에님의 시장에서 커피 가게를 하던 중국인이 나보다 먼저 팔렘방에 와 있었는데, 내가 교회를 시작한다고 하자 그 가정이 참여하여 마중물 역할을 했다.

창립예배는 중국계 기독교인이 설립한 숨슬자야(Sumsel-Jaya)라는 학교의 교실을 빌려서 드렸다. 종교성 산하 남부 수마트라 주의 기독교 국장(Pembimas)인 실리똥아(Silitonga) 씨를 초청하여, 정부를 대표해 공식적으로 교회를 인정하는 순서를 가지도록 했다. 인도네시아에서는 정부가 인정하는 교회라는 걸 분명히 해두어야 하기 때문이다.

하지만 두 달이 채 지나지 않아 교회 주변의 동네 사람들이 반장을 통해 압력을 넣어 그 학교 이사회가 장소를 빌려줄 수 없다고 알려왔다. 주일엔 어차피 비어 있는 공간이라 허락을 받은 건데, 아마도 무슬림이 많았기 때문이었던 것 같다. 그래서 시내 대형 쇼핑몰의 주인이고 나를 후원하던 중국계 기독교인에게 쇼핑몰 안에 있는 직원들의 회의 공간을 빌려달라고 부탁해 보았다. 하지만 기대와 다르게 거절당했다. 사업하는 사람으로서 절대다수인 무슬림을 의식할 수밖에 없었을 것이다. 이 나라는 평소에는 기독교를 공개적으로 핍박하진 않지만, 그 정도로 알게 모르게 거부하는 분위기는 있다.

교회 성장의 열쇠를 찾다

4월 16일 주일부터는 빠사르 찐데(Pasar Cinde)라는 시장 안쪽의 골목에 있던 우리의 셋집에서 주일예배를 드리기 시작했다. 비교적 넓은 집이라 거실에 강대상과 의자들을 놓을 수 있었다. 아이들을 위한 주일학교는 차고에서 했다. 집 앞에는 사람들이 교회가 예배하는 장소임을 알 수 있도록 안내판을 달았고, 화요일엔 제자훈련 프로그램도 하였다. 그해 6월에는 단중에님 고등성경학교를 졸업한 엘리 수빠르노라는 남자 전도사와 예니 빠티라니라는 여자 전도사가 전임사역자로 부임하였다. 2개월의 방학 기간에는 3명의 신학생이 더 와서 사역을 도왔다.

10월 15일 주일부터는 르마방의 루꼬로 옮겨 예배를 드리기 시작하였다. 첫날부터 장년이 55명, 학생이 30명이나 모였다. 놀랍게도 둘째 해 1월부터 교회를 늘려갈 때마다 집세와 예배를 위한 음향 시스템과 의자를 구입하는 데 필요한 헌금이 들어오곤 하였다.

1989년 11월 20일에서 25일, 자카르타 스나얀에서 여의도순복음교회 조용기 목사님을 주 강사로 모시고 인도네시아 전국에서 3천여 명의 목회자들이 모이는 교회성장세미나가 열렸다. 나는 준비위원장인 야콥 나후와이(Yakob Nahuwai) 목사로부터 통역자가 되어달라는 부탁을 받고 참석하였다. 그런데 조용기 목사님이 영어로 설교하셔서 인도네시아 사람이 통역하였고, 나는 동경순복음교회 이강헌 목사님의 한국어 설교를 인도네시아어로 통역하였다. 덕분에 나는 조용기 목사님의 설교를 집중해서 들을 수 있었다. 그 세미나의 개회예배부터 마지막 폐회예배까지 조용기 목사님이 하신 설교의 내용은 거의 다 '교회 성장의 열쇠는 기도'라는 것이었다. 나는 이제부터 기도에 집중하는 목회를 하겠다는 다짐을 하고 팔렘방으로 돌아왔다.

사실 나는 교회를 개척하고 1년간 열심히 기도하며 노력했다. 하지만 그 세미나에 참석한 11월에 돌아보니 교인은 70명에 불과했다. 그나마 주일학교 어린이까지 합친 숫자였다. 마음이 너무나 답답하고 섭섭했다. 어떻게 하든 그해 연말까지 100명은 채워야겠다고 생각하고 있었는데, 교회성장세미나에서 미처 생각하지 못했던 한 가지를 깨닫게 되었다. 그때까지는 주님께 기도는 하면서도, 사실은 내 능력에 의

팔렘방 예루살렘교회 옆에 있는 초기의 예배실. 이곳에서 매일 새벽예배를 드렸다.

존하며 일했다는 사실이었다. 이제부터는 내가 아니라 주님으로 하여
금 일하시게 해야 한다고 다짐하였다.

나는 세미나에서 돌아오자마자 새벽기도회를 시작하였다. "금년 말
까지 꼭 100명은 채울 수 있게 해주세요"라고 기도했다. 한 달이 지
나 연말에 출석한 교인들을 세어 보니 주일학교 어린이까지 합쳐 100
명가량이었다. 1990년 1월 1일, 나는 신년예배에서 요한복음 14장
12-17절을 본문으로 삼아 다음과 같이 설교했다.

"지난 1년은 우리가 일한 해였습니다. 우리가 전도했고, 우리가 노력
했습니다. 결과는 100명이었습니다. 그런데 새해는 우리가 일하는 해
가 아닙니다. '주님으로 일하시게 하는 해'입니다. 주님이 말씀하시기
를 '너희가 무엇이든지 내 이름으로 구하면 내가 시행하겠다'고 약속
하셨으니까, 새해에는 주님으로 하여금 일하시게 합시다. 작년에 우리

지금은 예루살렘교회로 불리는 팔렘방의 예배당에서 청년 사역자가 나를 맞이하였다.

가 100명이 되었는데, 주님은 전능자이시니까, 금년에 주님이 일하시면 아무리 못해도 우리가 했던 것의 열 배는 못하시겠습니까? 그러므로, 금년 말까지 성장의 목표는 천 명입니다. 우리가 할 일은 기도뿐입니다.”

나는 교인들이 새벽기도와 철야기도에 열심히 참여하도록 독려했다. 교인들은 단순한 믿음으로 순종하였고, 교회는 급속도로 부흥되기 시작하였다. 그해에도 신학교의 졸업생이 있어서, 졸업생 가운데 남자 둘과 여자 둘을 더 불러 모두 6명의 전도사들이 그 교회에서 사역하게 하였다. 매일 새벽 30분간의 새벽기도회는 내가 직접 인도하였다. 찬송을 힘차게 부르고, 마가복음을 본문으로 삼아 설교했다. 마무리 기도를 한 후에는 교인들이 각자 기도하다가 돌아가도록 했는데, 여섯 명의 전도사들은 새벽기도회를 마친 후에도 1시간 동안 그 자리를 떠나지 않고 나와 함께 기도하였다. 사실 내가 강요하다시피 한 것이었지만, 고맙게도 모두 잘 따라주었다.

이때 경험한 놀라운 일은 이것이다. 새벽기도회에 10명이 모일 때는 교인 수가 100명 정도였다. 2월에는 새벽기도회에 참석하는 성도들이 20명쯤 되었는데, 출석하는 교인은 200명가량이 되었다. 3월에는 새벽기도회 참석 인원이 30명쯤으로 늘었고, 교인 수는 새벽기도 인원에 비례해 계속 증가하였다.

주일학교 교사들은 아이들이 놀고 있는 놀이터에 가서 아이들에게 찬송을 가르치고 성경 이야기를 들려주었다. 교사들이 놀이터에서 모은 아이들도 교인들의 수에 포함시키고, 매주 교회 성장을 위한 교역자 회의에서 점검하였다. 당시 후원교회들에게 보낸 기도편지에 이런 상황에 대해 보고하였다.

"팔렘방의 교회는 세 곳의 예배 처소에서 각각 활발히 모임을 가지고 있습니다. 주일 아침 예배는 각각 드리고, 오후에는 연합예배를 드립니다. 연합예배는 부흥회 형식으로 제가 직접 설교하고 있습니다. 매일 새벽기도회를 가지고 있으며, 그 외 매주 한 번씩의 집회로는 청년회, 여전도회, 찬양의 밤, 금요철야기도회, 영어성경공부 등이 있습니다. 주일학교는 각 예배 처소별로 주일 아침과 수요일 오후에 모임을 갖고 있습니다. 저희 교회의 목회자 팀은 저와 4명의 남전도사와 3명의 여전도사로 구성되었으며, 모두 지치기까지 열심히 일하고 있습니다. 하지만 심령의 새로운 활기를 계속 경험하고 있습니다. 특별히 감사한 것은 이 전도사들이 여러 면으로 성장하는 것을 볼 수 있다는 사실입니다.

찬송 인도, 말씀 강론, 기도 인도, 심방 등에서 이들의 발전을 느낄 수 있습니다. 이후에는 제가 없어도 이들에 의해 목회 사역이 계속 발전되고 성장할 것입니다."

이 편지의 결론은 실제로 후에 사실이 됐다. 그때 나와 함께 사역했던 전도사들은 모두 훌륭한 목사들이 됐고, 그들 중에는 교단의 총회장이 된 사람들도 있다.

이 나라의 교단은 주로 총회장이 지도하는데, 총회장의 권한이 커서 사실상 감리교의 감독 같은 역할을 한다. 총회장이 각 지역과 교회에 사역자를 보내고 사역지를 옮기게 할 수도 있다. 내 제자 중 한 사람이 총회장으로 일하는 교단은 교회들의 초교파 연합체처럼 시작하였다. 규모를 보면 한국의 일개 노회 수준에 불과하지만, 인도네시아가 워낙 섬이 많고 땅이 넓다 보니 각각의 교회들 사이의 거리는 매우 멀다. 그래서인지 이 나라 정부는 교단에 속한 교회들의 숫자도 보겠지만, 적어도 6개 주(섬) 이상의 지역에 교회가 있는 경우만 교단으로 인정한다. 그러니 이 교단에 속한 교회들이 최소 6개 주에 퍼져 있는 셈이다. 자카르타, 칼리만탄, 티모르에도 있고, 특히 수마트라 남부에 이 교단의 교회가 많다. 그 외에도 게끼시아(GEKISIA), 게엠까에스(GMKS), 게까이이(GKII) 등 여러 교단의 총회장들이 모두 나의 신학교 제자들이다.

이 중 게끼시아 교단의 총회장이 최근에 내 제자가 아닌 사람으로 바뀌었는데, 교회가 더디게 부흥하더라도 미전도종족 지역에 사역자를 지속적으로 배치한다는 나의 뜻에 반하여, 임의로 내가 후원하던 사역자를 다른 지역으로 옮기고 말았다. 똑똑해 보이는 사람을 부흥이 가능한 도시 교회 같은 곳으로 옮겨 교단 총회장으로서 실적을 내고 싶었던 것 같다. 하지만 그건 내가 이 나라의 교회와 협력하는 목적, 곧 미전도종족 사역에 위배되는 일이다. 그래서 그동안 그 총회를 통해 후원하던 미전도종족 사역자 후원금을 이제부터는 사역자에게 직접 주겠다고 선언했다.

드디어 천 명이 넘었어요!

나는 교회가 한창 부흥하던 1990년 6월에 안식년을 가져야 했다. 한국에 잠깐 들렀다가 영국에 가서 연구 활동을 하였다. 그렇지만 나는 그 해가 '주님으로 일하시게 하는 해'이기 때문에 주님이 일하셔야 한다는 믿음은 잊지 않았다. 나 자신은 비록 인도네시아를 떠나 있었지만, 매일 밤 웨일즈에 있던 우리 집에서 차로 15분쯤 거리에 있는 갈보리침례교회(Galvary Baptist Church)까지 가서 "하나님! 우리 팔렘방교회가 금년 말까지 성도가 천 명이 되게 만들어 주세요"라고 기도했다. 팔렘방에 있는 교인들도 그렇게 기도하며 노력했다.

해가 바뀐 1991년 1월, 내가 그 교회의 담임목사로 세워 놓았던 엘리 수빠르노 목사로부터 "교인 수가 드디어 천 명이 넘었다"는 내용의 편지를 받았다. 얼마나 반갑고 감사했는지 모른다. 하나님께서 내 기도를 들으시고 그런 열매를 주셨다고 믿는다.

나는 주님께서 약속하신 대로, 기도를 통해 큰일을 이루는 경험을 할 수 있었다. 우리가 기도하면 전능하시고 하늘과 땅의 모든 권세를 가지신 그분이 일하시기에 우리가 상상할 수 없는 큰 열매를 얻게 된다는 걸 체험한 것이다.

한 가지 안타까운 것은, 내가 안식년을 마치고 팔렘방으로 돌아가야 했을 시기에 소속돼 있던 선교회(KIM)에 문제가 생겨 약 3년간 선교지로 돌아가지 못하여, 결국 그 교회의 지속적인 부흥을 책임지지 못한 것이다. 교인이 천 명에 달하고 예배 처소가 네 곳이 될 정도로 부흥했던 교회였는데, 3년 후에 다시 와보니 한 군데로 줄어들어 있었다. 내가 없는 동안 교인이 줄어들어 여러 루꼬에 분산돼 있던 교회들의 월세를 감당하기 힘들어졌기 때문이라고 했다.

나는 그 선교회를 나온 선교사들이 새로 세운 선교회인 PWM (Partners for World Mission : 해외협력선교회)의 총무가 되었기 때문에 한국에서 사역해야 했다. 나 또한 인도네시아로 다시 돌아올 때는 자바 섬 동부에 있는 IMF 본부에 거주하면서 바뚜(Batu) 신학교에서 가르쳤고, 팔렘방교회는 현지 교단 총회가 관장하면서 부흥의 기조를 유지하지 못하게 되었다.

내가 1995년부터 바뚜 신학교에서 교수로 사역할 때, 가족은 수라바야(Surabaya)에 집을 얻어 살고 있었다. 그때 GMII(Gereja Misi Injili Indonesa) 교단의 안디옥(Anthiok) 교회가 나를 담임목사로 사역해 주기를 요청하여 1년 6개월가량 그 교회를 목회하였다. 교회당이 없는 교회여서 엘리야(Eliya)라는 중국계 교인 소유의 공장 2층에서 주일예배를 드리는 형편이었고, 다른 활동과 모임은 우리가 살고 있던 셋집에서 하였다. 나는 1998년 2월 선교사 직을 사임하고 한국으로 돌아와 내수동교회 목회를 시작하기까지 이 교회를 목회하였다.

안디옥교회에서는 사도행전을 강해하는 설교를 하여 전도와 선교를 강조하였다. 3명의 인도네시아인 전도사들이 이 교회를 파트타임으로 도왔고, 교회는 매우 활기찬 상태로 부흥하였다.

그후 인도네시아 전역에서 급진 이슬람의 폭동이 일어나기 시작했다. 어떤 목사가 폭동 때문에 불붙은 교회에서 숨지는 안타까운 일도 있었다. 극단적 이슬람 종파에 의한 테러였다. 안디옥교회 성도들은 이런 혼란한 상황에도 불구하고, 내가 떠난 후에도 노력하여 교회를 지속하였다. 수년 후 내가 다시 인도네시아에 돌아와 그 교회를 방문했을 때, 예배 처소도 새로 건축해놓은 것을 볼 수 있었다.

12
선교사 중심의
선교회가 탄생하다

한국 선교의 개척자로부터

내가 선교사가 되어서 '기억에 남는 어려웠던 일'을 몇 가지 꼽으라면 1992년 1월 18일 KIM 선교회를 떠나 새로운 PWM 선교회를 만들어야 했던 일, 2014년 5월에 발병하여 8월 1일부터 11월 21일까지 뇌수막염으로 세브란스병원에 입원해 있던 일, 2019년에 전립선암을 확인하고 수술한 후 회복되는 기간, 그리고 코로나19의 팬데믹과 아내 홍은희 선교사의 어지럼증 등이었다.

KIM 선교회는 한국 선교계의 개척자로 알려진 조동진 목사님이 설립한 선교단체였고, 한글로는 '국제선교협력기구'로 불리기도 했다. 나는 수습 선교사 훈련을 이 단체의 본부이자 훈련센터였던 '바울의 집'에서 받았고, 이 단체를 통해 선교사로 파송받았다.

주로 동남아시아 국가들에 선교사들을 보낸 조동진 목사님은 특히 인도네시아에 많은 선교사를 보냈다. 1971년부터 1993년까지 22년간 22명을 파송하였는데, 내가 그 중 한 사람이다. 내가 인도네시아에 간 초기에 맡은 단중에님 신학교의 교수 사역 또한 인도네시아의 IMF와 협력 관계를 맺었던 조 목사님이 연결해주신 결과였다. 내가 선교사가 되면서 만나게 된 조 목사님의 인상은 아주 지혜롭고 명석한 분이었다는 것이다. 세계선교에 대한 그 분의 안목은 정말 탁월했다. 한국의 현대 선교의 개척자로 불리기에 손색이 없었다. 그의 삶과 사역은 그의 자서전을 토대로 쓰인 〈미스터 미션 조동진〉에 자세히 기록돼 있다.

나를 비롯한 인도네시아 선교사들과 이사들까지 그 단체에서 나오게 된 사건이 1992년 초에 발생했다. 사실 우리보다 앞서 KIM을 탈퇴해 별도의 단체를 만든 태국 선교사들도 있었다. 그렇게 된 이유와 사연에 대해서는 당시 나와 더불어 그 단체를 나오게 된 선교사들이 일체 언급하지 않기로 그 즉시 결의한 바가 있었다. 따라서 나 또한 이 책에서도 '어떤 일'이 있었다는 것조차 언급하지 말아야 옳을 것이다. 하지만 현재의 GP선교회의 뿌리이자 한 줄기가 된 PWM이라는 새 선교단체를 시작하게 된 일에 대해서는 언급하지 않을 수 없어서, 단순히 이야기의 전개상 부득불 간략히 언급하는 것이라고 이해하여 주시면 감사하겠다.

선교사가 주도하는 선교단체의 출발

1991년, 안식년을 보내고 인도네시아로 돌아갈 준비를 하고 있던 나는 부득이한 상황 때문에 9월부터 12월까지 4개월간 KIM의 본부인 화성 바울의 집에서 총무로 일하였다. 선교사들 중에 한 사람을 본부 총무로 선발해 직접 일해보라는 조동진 목사님의 제안에 따른 일이었다. 나는 인도네시아로 돌아가기를 원했지만, 당시 다른 선교사들의 상황을 고려해서 부득이 내가 그 일을 맡게 된 것이다.

나는 본부에서 행정업무뿐 아니라 수습 선교사들의 훈련과 연관 단체인 윌리엄캐리대학의 분교 강의까지 맡아 학기중에 200시간 이상 강의하기도 했다. 강의를 너무 많이 하니 목이 아팠다. 이비인후과에 갔더니 의사가 그렇게 말을 많이 해야 하면 수시로 물을 마시라고 권했을 정도다. 내가 강의하고 설교할 때 물을 마시는 습관은 그때 생겼다.

이듬해 1월 18일, 신년 하례회를 마지막으로 나를 비롯한 일련의 선교사들과 한국의 이사들은 그 단체를 나오게 됐다. 우리들은 그날 저녁에 양재동의 교육문화회관에 모였다. 서울에 별도의 선교사 숙소가 없어서 선교사들이 귀국할 때마다 잠시 이용하던 곳이었기 때문이다. 우리들이 그날 정한 결론은 이러했다.

첫째, 그동안의 일에 대해선 한국교회에 공개하지 않는다.

둘째, 우리의 목적은 선교운동을 계속 일으키는 것이다. 따라서 이 기회에 우리가 새로운 선교단체를 만들기로 한다.

셋째, 새로운 선교단체는 선교사들이 주도한다. 소속 선교사들이 선교사회를 세우고 그 중에서 회장과 총무 등을 뽑아 직접 운영하고 관리하기로 한다.

우리는 이 결정에 모두 동의하였다. 후원자들에게는 새로운 선교회를 만들게 되었다는 사실만 알리기로 하였다. 새로 만든 선교회의 이름은 '해외협력선교회'로 정했고, 영어로는 PWM(Partners for World Mission)으로 쓰기로 했다.

이제 문제는 새 선교부를 책임질 사람, 즉 선교사들 중에서 회장과 총무를 뽑는 일이었다. 내가 KIM의 한국 본부 총무였기에 당시의 이사님들과 선교사들을 전체적으로 가장 잘 알고 있었다. 자연스럽게 내가 PWM의 총무 역할을 맡기로 하고, 인도네시아로 돌아가는 건 보류되었다. 회장은 우리들 중에서 선임이던 이은무 선교사가 맡기로 했다. 기존의 KIM 선교사들은 두 가정을 제외하고 대부분 PWM에 합류하였다. KIM에서 이사로 섬기던 분들도 대부분 PWM의 이사가 되어주셔서, 새로운 선교회였지만 안정적으로 정착할 수 있게 되었다.

사무실은 삼성동 한국전력공사 바로 뒷쪽 길모퉁이에 위치한 영재빌딩의 2층에 마련했다. 후원 이사 중 한 분이신 이영희 목사님이 목회하시던 장성교회의 임무수 장로님과 전태남 권사님 내외의 소유였는데, 2층을 무상으로 사용하도록 내주셨다.

벽산그룹 출신으로 내수동교회를 다니던 백성호 집사를 사무국장으로 세웠는데, 그 덕분에 벽산그룹의 전산실 직원들이 후원자 관리를 위한 컴퓨터 프로그램을 만들어주었다. 복사기는 유기경, 이반석 목사님이 제공해주셨고, 여러 교회가 사무실에 필요한 것들이 준비되도록 도와주셨다.

2022년에 미전도종족 사역자의 가족들이 모여 수련회를 개최하였다.

　선임 선교사들은 새로운 선교회의 헌장과 운영규칙을 만들고, 한국과 미국에 새 이사회를 각각 조직하였다. 선교사들이 선교회의 기획과 집행을 직접 이끌고 담당하는 새로운 선교단체로서의 구조가 만들어졌고, 수습선교사 훈련 프로그램을 세워 훈련을 시작하는 등 선교회는 모습을 갖춰갔다.

　KIM을 나온 나는 더 이상 바울의 집에 있을 수 없었다. 새 선교회의 총무가 되었으므로 서울에서 살 집이 필요했는데, 상도제일교회(당시 유용규 담임목사)가 갈 곳이 없어진 우리 내외를 위해 본당 강단 뒤에 붙어 있는 작은 방에 거하도록 배려해 주셨다. 나는 상도동에서 삼성동에 새로 마련한 사무실로 출근하며 선교회를 설립하는 일에 몰두하였다. 나는 이사님들을 만나 계속 후원해주시기를 요청드렸다.

총무에서 회장으로, 그리고 담임목사로

총무가 된 나의 과제는 기존의 후원자들이 계속 남아 있게 하는 것이었다. 새 후원 계좌를 만들고, 후원자들에게 한두 달 사이에 새 선교회에 대해 일일이 알려야 했다. 하지만 그 일을 설명하기는 쉽진 않았다. 기존의 후원자들에게 연락하자니 우선 주소가 필요했다. 수습선교사 중에 한 사람이 컴퓨터를 잘해서 본부의 재정 프로그램에서 후원교회들의 주소록을 복사해 나왔다. 하지만 법적 문제를 우려하여 복사한 USB는 돌려보냈다.

PWM이 설립되는 과정에서 나를 비롯한 선교사들과 이 단체를 향한 사탄의 공격이 여러 모양으로 있었다. 하지만 어려움을 극복하고, 1992년 2월 10일 잠실 양문교회에서 창립예배를 드리면서 자리를 잡아갈 수 있었다.

PWM은 본부가 주도하는 단체가 아니라 선교사들이 주도하는 단체가 되기로 했으므로 선교사회를 조직하였다. 선교지에서 경험을 쌓은 선교사들이 본부의 지시에 따르기만 하는 것이 아니라 현장 중심으로, 즉 선교사 중심으로 운영하기로 했기 때문이다.

선교단체가 유지되는 건 결국 선교사들이 있기 때문이다. 선교단체의 본부와 선교사들은 공존해야 하고 운영도 공정해야 한다. 그래서 PWM의 중요한 의사결정은 이사회가 하지만, 실제 운영과 행정은 선교사회의 회장이 맡기로 했다. 그러자면 선교사회의 회장이 가능한 한국에 있어야 했다. 하지만 당시 회장이 된 이은무 선교사는 싱가포르에 가 계셔야 했다. 그래서 내가 총무였지만 사실상 집행자 역할을 했다.

나는 1년 반쯤 지나 안성원 선교사에게 총무 역할을 맡기고 인도네시아로 돌아왔다. 이후 바뚜 신학교에 가 있으면서 종종 한국에 다녀가곤 했는데, 그럴 때 박희천 목사님을 만나 내수동교회 담임을 제안받았다. 하지만 이은무 선교사께서 미국의 대학교수로 가게 되면서, 이번엔 내가 PWM의 선교사회 회장이 되어야 했다. 그래서 내수동교회의 제안을 바로 받아들이지 못했다가, 1998년에 담임목회를 하기로 결정하면서 선교사 직은 사임하였다.

1999년 5월 25일, 과거에 KIM에 함께 소속되었다가 1987년에 독립해 한국지구촌선교회(KGM:Korea Global Mission)라는 이름의 선교회를 조직하였던 태국의 선교사들이 PWM과 연합하기로 하여 GP(Global Partners)선교회가 탄생하였다. GP는 대한민국 선교사들에 의해 탄생한 자생적 선교부로, 이제는 세계적인 선교단체가 되었다.

13
담임목사가 된 선교사

내수동교회와의 인연

나는 1998년 2월부터 2003년 8월까지 5년간 내수동교회를 담임 목회하였다. 내수동교회는 내가 신학생 시절에 교육전도사로 2년 3개월간 사역하였던 교회이다. 초등학생 부서와 중고등부를 담당했다.

내수동교회는 내가 목사 안수를 받은 장소이기도 하다. 1979년 2월 16일에 신학교를 졸업하고 열흘 후인 2월 26일에 목사 안수를 받았는데, 경기노회 임시노회가 그 교회에서 열렸다. 내수동교회는 이듬해 1월부터 내가 군목으로 복무하는 동안에도 매월 군선교 명목으로 후원해주셨고, 1982년 8월에 제대하여 9월부터 바울의 집에서 수습선교사

훈련을 받을 때도 선교후원금을 보내주셨다.

박희천 목사님은 내게 특별한 배려를 아끼지 않으셨다. 내가 1984년 2월 21일에 선교사 파송예배를 드리고, 한 주 후인 27일 김포공항에서 인도네시아로 떠날 때는 박희천 목사님께서 공항까지 나와 배웅하시며 매달 300달러를 보내주겠다고 말씀하셨다. 당시에 협력선교의 형태로 300달러를 후원한 교회는 성도교회와 내수동교회였다. 성도교회는 그후 담임목사님이 바뀌고 얼마 안 되어 선교비가 끊겼지만, 내수동교회는 내가 선교사 직을 사임하고 그 교회에 부임할 때까지 계속 후원하였다. 박희천 목사님은 내가 종종 한국에 오는 경우엔 언제나 귀국한 첫 주일의 예배에서 설교하게 하셨다. 전교인이 불신자를 초청하여 전도집회를 하는 주일에 간증하는 순서를 맡기기도 하셨다.

선교사로 살던 내가 한국에서 목회를 하게 된 계기는 이러했다. 박희천 목사님께서 은퇴를 3년쯤 앞에 두셨을 때, 내가 새로운 선교회 일로 한창 바쁘던 어느 날 나를 만나자고 부르셨다. 교회 부근인 광화문의 생명의말씀사 뒷길에 차를 세우시더니, 혹여나 아는 이가 볼까 조심스러우셨는지 차 안에서 긴히 할 말이 있다고 하셨다. 목사님께서는 아주 진지하게 "남에게 알려지면 안 된다"고 하시며, 3년 후 당신이 은퇴하실 때 내수동교회의 후임 담임목사가 되겠다는 약속을 해달라고 말씀하셨다. 그 말씀이 놀랍고 감사하기도 했지만, 나는 평생 선교사로 살기로 했던 사람인지라 그날 그 자리에서 바로 대답하기는 어려웠다. 그래서 기도하는 중에 확신이 생기면 말씀드리기로 하고 일단 헤어졌다. 그리고 6개월쯤 지나 "후임자로 부임하겠다"고 말씀드렸다.

약속으로 나눈 이 이야기는 박 목사님과 나 사이에만 이루어진 것이므로 비밀로 해야 한다고 하셔서, 나도 그렇게 생각하고 2년 반 뒤에 담임목사로 부임한다는 생각을 하고 있었다. 그런데 PWM의 선교사회의 회장이었던 이은무 선교사님이 싱가폴에서 미국으로 사역지를 옮기게 되었다. 그래서 선교사회의 총무였던 내가 회장 자리를 이어받아야 했다. 박 목사님과 한 약속을 지키기 어렵게 된 것이다.

PWM을 시작하게 된 선교사들은 '선교사가 선교회를 주도한다'는 구상을 하고 있었다. 선교회의 행정에 관한 책임과 권한이 본부에 있는 것이 아니라 선교사들에게 있어야 한다는 생각 때문이었다. 그건 그동안의 경험에서 나온 것이었다. 물론 중요한 안건은 이사회에 올려 이사회의 인준을 받지만, 사실상 선교사회의 회장이 주도하는 구조(시스템)다. 그러니 회장이 되었다는 건 직무가 더 무거워진 것을 뜻했고, 그만큼 다른 일을 할 여력이 없다는 뜻이었다. 나는 PWM선교회를 시작할 때도 총무로서 중추적인 역할을 하였다. 선교회가 어떻게 해서 얼마나 어렵게 만들어졌는지 누구보다 잘 아는 내가 회장이라는 중요한 책임을 지게 되었는데, 그 책임을 버리고 내수동교회의 담임목사로 부임한다는 것은 하나님께서 기뻐하시는 결정이 아니라는 마음이 들었다.

고민을 거듭하다가, 박희천 목사님을 찾아가 약속을 지키지 못하게 되었다고 사과드렸다. 박 목사님께서는 섭섭하지만 하나님의 뜻에 모두 순종해야 한다고 말씀하시며 이해해주셨다. 다만 내수동교회 당회원들에게는 내가 박 목사님과 했던 약속을 부득이하게 깬 것이라고 직접 말해달라고 부탁하셨다. 박 목사님은 그간 당회원들로부터 "후임자를 준비해야 하지 않느냐"는 질문을 받을 때마다 누구라고는 말하지 않았어도 "잘 준비되고 있는 분이 있으니 염려하지 마시라"고 장담하셨기 때문이다. 그래서 다음주에 내수동교회 앞의 어느 식당에서 당회원 장로님들을 만나 내가 약속을 지키지 못한 것에 대해 이해를 구하고, 담임목사는 다른 분을 찾으시도록 말씀드렸다. 그리고 1년이 지났다.

교회는 목장이자 군대다

다음 해 여름, 내가 한국에 잠시 귀국하였을 때 박희천 목사님께서 또 나를 만나자고 하셨다. 지난 1년간 다른 분을 찾느라고 여러 노력을 하였으나 잘 안 되고 있는 상황이라고 하셨다. 그러니 혹시 이제는 내가 담임목사로 부임할 수 있도록, 상황이 달라졌을 수도 있지 않느냐고 물으셨다. 나는 답을 드리기 위해 시간을 조금만 달라고 다시 부탁드리고, 아내 홍 선교사에게 내가 담임목사로 가도 되겠는지 의논하였다. 그러자 나의 예상과 달리 아내는 "나는 목사님을 따를 것이니, 목사님은 주님의 뜻만 따르세요"라는 답을 주었다. 그래서 다음 날 박 목사님께 다음 해인 1998년 6월 이후에 담임목사로 부임할 수 있겠다고 말씀드렸다.

나는 선교회의 회장이 되었기 때문에 내수동교회에 오지 못할 것이라고 말씀드린 다음, 이후 1년 동안 인도네시아의 수라바야라는 도시에서 사역하면서 선교회의 행정을 전체적으로 기획하는 일을 겸하고 있었다. 하지만 외국에서 한국에 있는 이사회에 안건을 상정하여 결제받고 시행하는 과정이 실제로는 매우 어렵다는 것을 알게 되었다. 일일이 만나 뵙고 의논해도 결정이 쉽지 않은 경우가 많은데, 외국에서 이 사회와 소통할 방법이 전화 말고 다른 방도가 별로 없던 당시로는 곤란한 일이 많았다. 그래서 내가 한국에 가 있어야 더 효과적이라는 생각을 하게 된 참이었다. 회장 역할을 위해 사역지를 한국으로 옮기면 선교회를 더 유익하게 할 수 있을 것 같았다. 그래서 처음엔 담임 직분을 사양했던 것과 달리, 이번에는 그것을 받아들인 것이다. 결과적으로 내수동교회가 공동의회를 통해 나를 담임목사로 청빙하기로 하였다. 위임식은 1998년 5월 25일에 열렸지만, 나는 교회 사정에 따라 2월에 조기 귀국하여 내수동교회에서 목회를 시작했다.

내가 부임했을 당시 내수동교회는 대학부가 230명, 청년부가 250명, 신혼부부들로 구성된 성년부가 20여 명이 있어서 젊은이들이 많은 편이었다. 주일예배의 참석 인원은 800명이 넘었다.

나는 제직들을 위한 교육 자료를 만들면서 다음과 같은 교회관과 목표를 제시하였다. 전체 주제는 "충성된 일꾼이 되게 하소서"였다. 예수의 사람들은 예수님을 주(主)로 믿어 구속함을 받은 하나님의 자녀들로서 그리스도 예수 안에서 선한 일을 위하여 지으심을 받은 자들(엡 2:8-10; 요 1:12)이므로 그렇게 정한 것이다.

기본 표어를 나의 모토인 "예수 사랑! 사람 사랑! 예수 증거!"로 삼았다. 1999엔 '그리스도 예수의 좋은 군사', 2000년엔 '주님 나라 위하여 일하는 사람들'을 그해의 표어로 정했다.

표어에 따른 활동 목표는 IVF에서 받았던 세 가지 주제인 EDM으로 정했다. 복음 전파(Evangelism)를 통해 새신자를 맞아, 양육하여 예수의 제자를 삼고(Discipleship), 필요한 곳에 보내 섬기게 하는(Mission) 것이 예수의 사람들이 할 일이라고 여전히 생각했기 때문이다.

교인들에게 나의 교회관도 설명했는데, 교회는 양들을 돌보는 목장이자 유기체로서 그리스도의 몸이며, 마귀의 세력에 대항하여 싸우는 군대로서의 성격이 있다고 하였다. 따라서 온 교인이 목양만 받는 개념을 바꾸어 그리스도의 몸의 각각의 지체로서 주님의 일꾼 또는 군사라는 인식을 가져야 한다고 강조했다.

한국교회는 목회자가 모든 교회 일을 감당하고, 성도들은 목회자의 인도를 잘 따르기만 하면 훌륭한 교인으로 인정받곤 했다. 하지만 그것은 마치 장군들만 싸우게 하고 병사들은 손을 놓고 있거나 집에 가 있으라는 식의 사역 형태였다고 지적했다.

목회자들만 싸우게 해선 교회가 감당해야 할 영적 전쟁에서 승리하기 어렵다. 그건 목사 한 사람의 한계에 머무르게 돼 큰 열매를 맺을 수 없으며, 평신도를 무능하게 하는 형태이다. 이런 개념으로는 평신도가 자랄 기회도 없고, 교회 자체도 성장하기 어렵다고 지적하였다. 따라서 그런 기존의 개념에만 머물러선 안 되며, 모든 지체들이 하나님께서 주신 재능과 은사를 따라 각자의 역할을 감당하면서, 몸이 전체적으로 건강하게 자라도록 해야 할 책임이 있다고 하였다. 모두가 일꾼이라는 점을 강조한 것이다.

이와 같이 강조한 배경에는 천국 복음이 모든 민족에게 증거되면 세상의 끝이 온다고 말씀하신 주님의 대위임령(마 24:14)이 있었다. 세상에 있는 교회가 마귀의 세력을 대항하여 주님의 나라를 확장해가는 사명을 가지고 있다면, 단지 존재하는 것에 그치지 않고 성장하고 점령해 나가야 하기 때문이다. 즉, 전투하는 교회가 되어야 하는 것이다. 전투의 내용은 다름 아닌 '사람의 영혼 구원'이며, 그것이 교회의 존재 목적이라고 또한 강조했다.

비유로 이야기하면, 교회는 원래 험한 파도 때문에 파선해가는 세상이라는 큰 배에서 사람들을 구조하기 위해 붙여두는 구조선과 같았다. 하지만 그 구조선에 타는 사람들이 많아지고 시설과 장비도 좋아지면서 구조선을 클럽처럼 사용하기 시작했다. 다른 사람을 구조하는 일에는 소홀해졌다. 이 비유가 말해주는 것처럼, 현대의 교회들은 죽어가는 영혼들을 구원하는 일보다 기존의 구성원을 위한 서비스에 더 관심을 기울이고 있지 않은가? 그런 교회는 사명을 망각한 것이다.

물론 주님은 죄인을 구원하여 돌보시려고 목양적인 교회를 세우시지만, 교회 안에 들어온 자들을 어린 양에 머물게 하지는 않으신다. 유기체인 교회의 일꾼으로 부르셔서 양육하신 다음 전투적 교회의 군사가 되게 하신다. 따라서 이제는 해외선교 분야에서도 선교에 헌신한 일부 사역자만 일하는 것이 아니라 모든 성도가 함께 선교의 일꾼이 되어야 한다고 가르쳤다. 주님은 모든 성도들을 어부(전도자, 막 1:17), 목자(양육자, 요 21:15-17), 군사(선교사, 딤후 2:3)로 부르셨기 때문이다.

돌아온 군인의 심정과 비전

선교사로 사역해왔던 나는 영적 전쟁의 전선에서 싸우다가 본국으로 돌아온 군인 같은 심정이었다. 그러므로 모든 신자들을 훈련하고 영적으로 무장시켜 주님의 나라를 위하여 일하는 사람들, 그리스도 예수의 좋은 군사들이 되게 하는 것이 당연한 목표라고 생각하였다.

하지만 내수동교회에 부임한 후에 경험하고 깨달은 사실이 몇 가지 있다. 이것은 사실 그 교회만의 이야기가 아니라 모든 교회의 이야기이 기도 할 것이다. 선교사 출신으로서 목회를 하게 된 사역자들의 이야기 이기도 할 것이다.

첫째, 인도네시아에서는 내가 개척하거나 주도하던 교회에서는 많은 것을 소신껏 결정할 수 있었지만, 영향력이 큰 전임자가 성공적으로 목회하시던 교회의 후임자로서 사역할 때는 자유롭게 의사결정을 할 수 없다는 것이다. 또한 목회라는 것이 설교만 열심히 한다고 되는 것이 아니라는 사실도 깨달았다.

둘째, 장로교회이므로 당회에서 모든 의사결정을 함께 하게 되는데, 그때 일곱 분의 당회원들은 모두 나보다 인생 경험이 많은 연장자이실 뿐 아니라 내수동교회를 위하여 쌓아온 공적이 나보다 더 많은 분들이 다. 선교지에서 사역하다가 귀국한 나보다 한국과 내수동교회의 형편 과 상황을 당연히 더 잘 알고 계시기도 했다.

셋째, 내가 새로 부임한 담임목사로서 의욕을 가지고 나의 성향에 맞는 방법으로 전도와 제자훈련과 기도운동 등을 해보려고 구상하고 제안했지만 "전에는 그렇게 안 했는데요"라는 반응을 자주 받게 되었다. 의욕과 추진력을 상실한 상태로 사역을 진행해야 했다.

넷째, 나는 성도들을 '돌봄받는 목양적 교회의 양(羊)'으로 보기보다 '그리스도의 몸인 교회에서 각자의 역할을 해야 하는 지체' 또는 '영적 전투 중인 교회의 전투중인 군인'이라는 교회관(목회관)을 가지고 있었다. 선교사 출신 목회자와 전통적 교회의 교인들 사이에서 흔히 나타나는 관점의 차이였다.

다섯째, 나는 선교사로서 영적 전쟁의 전선에서 본국으로 돌아온 군인이라는 생각을 가지고 있었다. 따라서 모든 신자들을 훈련하고 영적으로 무장시켜 '주님의 나라를 위하여 일하는 사람들', '그리스도 예수의 좋은 군사들'이 되게 하는 것이 당연한 목표였다. 교회의 일꾼들을 하나님 나라를 위해 가장 필요한 곳에 보내야 하며, 특히 젊은 자원이 많이 몰려 있는 교회라면 '일꾼을 나누어주는 교회'가 되어야 한다고 주장하였다. 그 실천 방안으로, 교회가 기존 교인을 품고 있기만 하기보다 할 수만 있다면 개척하는 작은 교회에 가서 섬길 수도 있어야 한다고 제안하였다.

내가 경기도 수원에 사는 어느 집사님의 가정을 심방하러 갔을 때, 그가 사는 아파트 단지 내에 개척교회가 있는 것을 보았다. 그래서 그 집사님에게 "서울까지 멀리 오시지 말고 집 앞에 있는 그 교회를 섬기시라"는 말을 한 적이 있다.

한번은 서울 외곽의 개척교회에 설교하러 갔는데, 그 교회에 피아노를 연주할 사람이 없어서 예배를 진행하기 힘들었다. 그래서 다음 주일에 내수동교회 교인 중에서 피아노 연주가 가능한 분이 몇 분이나 되는지 알아보니 교회에 있는 피아노 숫자보다 몇 배나 많았다. 나는 교인들에게 내가 가본 개척교회의 형편을 들려주면서, 한 분이라도 그런 교회에 가서 반주 봉사를 하면 좋겠다고 말했다. 하지만 아무도 나서지 않았다.

이런 나의 목회 방향과 '특별한 제안'이 당회원을 포함하여 일반 교인들에게는 매우 부담스러웠을 것이다. 대학부나 청년부에 가서 이런 말을 하면 긍정적인 반응을 보였지만, 장년 그룹에서 '하나님 나라 도래를 위한 일꾼으로서의 헌신'을 강조하면 반응이 좋지 않았다.

내가 작은 교회에 가서 봉사하라는 것은 단순히 교회를 옮기라는 말이 아니었다. 내수동교회 교인으로서 관계와 자격은 유지하면서, 잠시라도 하나님 나라의 확장을 위한 일꾼이 되라는 뜻이었다. 하지만 듣는 교인들 입장에서는 이 교회를 떠나 다른 교회로 가라는 말로 들릴 수밖에 없었을 것이다.

나의 목회 철학이 순탄하게 받아들여지지는 못했지만, 감사하게도 젊은이들의 그룹인 대학부, 청년부, 청년2부, 성년부는 부흥이 되었다. 특별히 젊은 부부들의 모임으로서 어린아이들까지 있는 성년부의 성장이 두드러졌다. 대학부 학생들이 성년부가 모이는 시간에 그냥 놀고 있는 것이 아니라 성년부 모임 장소에 가서 부모 대신 아기를 안아주며 돌봐주는 '안아조' 봉사를 했다. 조금 큰 아이들에게는 같이 놀아주는 '놀아조' 봉사를 했다. 그러자 성년부의 엄마 아빠들이 교회에서 아이들을 안심하고 맡기며 예배와 소그룹에서 영적 충전을 받을 수 있게 되어 부흥을 경험하게 된 것이다.

요즘은 많은 교회에서 할머니뻘인 권사님들이 이런 봉사를 하는 경우가 있다고 들었는데, 내가 경험한 바로는 청년대학생들이 하는 것이 훨씬 유익하고 아이들에게도 좋은 반응을 얻는 것 같다. 그때 그 부서의 부교역자로 처음에는 이동화 목사가 수고했고, 후에는 오창희 전도사 내외가 헌신적으로 섬기며 부흥의 열매를 일궈냈다.

내가 부임하던 때는 한국이 IMF사태를 겪을 때라 경제적으로 어려웠다. 그럼에도 불구하고 내수동교회는 성년부 교인들이 내는 십일조가 상당한 비중을 차지하였다. 내가 목회하는 동안 주일예배에 참석하는 장년 교인의 수는 크게 늘지 않았으나, 헌금은 해마다 20퍼센트 정도씩 증가하였다.

어쩔 수 없는 고민의 시작

내수동교회 당회는 원래의 교회당이 좁고 시설도 열악한 형편이라, 재정의 여유가 생기는 대로 교회 앞의 주택들을 하나씩 매입하였다. 3채를 구입하게 되면서, 당회의 관심은 새 예배당 건축에 집중되었다. 나는 그런 상황에서도 내가 구상한 목회 사역에 열심을 냈다.

초등학교 6년간 개근상을 받았던 나는 어려서부터 체질적으로 기본임무에 충실한 편이다. 5년간 내수동교회에서 목회하는 동안 해외로 출타한 경우 말고는 새벽기도회를 한 번도 빠져본 적이 없었다. 하지만 목회의 열매는 생각만큼 보이지 않았다. 3년쯤 될 때부터 슬슬 답답한 마음이 들기 시작하였다. 노회의 선배 목사님이 나중에 해주신 말씀을 들으니, 내가 내수동교회에 부임했을 때는 얼굴에 기쁨이 가득했는데, 날이 갈수록 그런 모습이 사라지더라고 하셨다. 청년 그룹을 담당하는 부교역자들은 신나게 사역하지만, 담임목사로서 나는 당회와 장년 교인들을 주로 담당해서 사역하는데, 장년 교인들은 변화가 보이지 않아 답답해서 그랬을 것이다.

 그 무렵의 어느 날, 나는 세브란스 병원 중환자실에서 의식불명으로 오랫동안 입원해 계시는 권사님을 '다시' 문병하러 갔다. 연로하신 분들은 한 번만 심방하고 말면 안 되기 때문이다. 하필 그날은 광화문에서 신촌으로 넘어가는 길이 많이 막혔다. 그 심방을 다녀온 후, 내 마음에 목회에 대한 회의가 들기 시작하였다. 이미 예수를 믿어 구원받는 것이 분명한 권사님이시다. 하지만 목사는 연세와 병세로 볼 때 회복되실 가능성이 없는 분을 위해서도 사역해야 한다. 목사로서 할 생각은 분명 아니지만, 회의가 든 것은 사실이다. 선교지에서 복음을 듣지 못한 사람들이 예수님을 믿고 구원받게 하는 사역과 한국에서의 목회 사역을 비교할 때, 목사로서 성도를 돌보는 것을 당연히 귀한 사역으로 여겨야 할 내가 '이미 예수님을 믿어 구원받은, 우리 안에 모여 있는 양들을 돌보는 사역에 나의 한 번뿐인 삶을 사용하는 것은 바른 길이 아닌 것 같다'는 생각을 하기 시작하였다. 믿지 않는 영혼을 대상으로 한 전도, 특히 미전도종족에 대한 전도만이 교회와 선교의 본질이라고 생각하던 나로서는 어쩔 수 없는 고민이었다.

 이래저래 힘든 마음이 쌓여갔다. 목회를 접고 선교지로 돌아가고 싶은 마음이 점점 커지기 시작하였다. '최소한 선교사들이 사역의 한 기간(term)으로 치는 5년은 목회하고 사임해야지' 하는 마음으로 버티겠다는 생각이 들었다. 국내 목회가 내게 주신 사명과 성향에 맞지 않는다는 생각, 교회 건축이 계획되고 있었는데 일단 건축을 시작하면 헌당식 이전에는 사임하기 어려울 것이라는 생각, 젊은 그룹과 달리 장년 교인들은 변하지 않는다는 답답한 상황 등등, 여러 면에서 목회 사역에 신선한 느낌이 사라지고 있었다.

떠나기로 결단하다

그런 한편, 내가 내수동교회를 담임하여 목회하던 시기에 선교단체들을 섬기는 일은 보람이 있고 즐거웠다. 알타이선교회를 창립할 때 내수동교회를 총회 장소로 제공했다가 초대 이사장으로 추대되었고, IVF 중앙회 이사, 이슬람연구소 이사, GMS이사 및 훈련분과위원회 위원장, GP선교회 이사회 총무, 한국복음주의협의회 총무, 한국선교연구원(KRIM) 이사 등 교회 밖의 선교단체와 기관의 직임을 다양하게 담당했다. 경기노회의 교육분과 위원장을 맡아 노회의 활동에 관여하기도 하였다. 이런 교회 밖의 직임과 활동들은 비교적 기쁜 마음으로 수행하였다. 주중에 IVF와 선교단체들과 교회들의 초청을 받아 하는 강의와 설교는 거의 마다하지 않았다.

그런 가운데 2003년 5월을 맞이했다. 내가 위임한 지 만 5년이 지난 것이다. 주일 오후에 당회원들이 그 주간에 함께 논의하고 제안하는 것이라며, 내가 교회를 사임하면 좋겠다고 통보하였다. 당황스러웠지만, 나도 교회를 사임하고 선교사로 돌아가겠다는 생각을 해왔다고 말하며 그 제안을 받아들였다. 다음 주일예배를 마친 다음 제직회를 열고, 사임하고 선교사로 돌아가겠다고 발표하였다.

6월 마지막 주간에는 인도네시아 동부 자바의 IMF 본부에서 열린 연례 수양회에 강사로 초대되어 인도네시아어로 말씀을 전하러 갔다. 그때는 너무나 자유롭고 좋다는 기분을 느꼈다. 나를 붙잡는 성도들이 교회에 아무리 많아도, 내게 맞는 사역은 선교라는 것을 확실히 확인하게 되었다. 나는 사임하기로 최종 결심을 했다.

토요일에 귀국하여 7월 첫 주일이 됐다. 1부 예배 설교를 마치고 광고하는 시간에 교회를 사임하고 선교지로 돌아가겠다고 최종적으로 발표하였다. 다만 마무리가 필요하여 8월 둘째 주일까지 있기로 하고, 5년 6개월간의 담임목사 사역을 마무리하게 되었다.

당회원들은 내가 떠나기로 결단하자 선교지에 집을 마련하는 데 도움이 되도록 적립된 5년간의 퇴직금에 1억 원을 추가하기로 결의하였고, 당시 GP선교회의 사무실 근처에 구한 아파트의 전세금으로 1억 5천만 원을 빌려주기도 했다. 그 전세금은 내가 2년 후에 GPTC 훈련원장이 되어 말레이시아로 떠날 때 돌려드렸다.

내수동교회는 그 후 매월 70만 원의 선교비를 후원하였고, 현재는 나의 요청에 따라 미전도종족인 람방(Rambang) 종족의 사역자 후원금 30만 원과 나의 선교비로 매달 30만 원을 후원하고 있다. 당시의 당회원 장로님들과 지금까지 좋은 관계를 유지하고 있으며, 개인적으로도 선교비를 후원하는 성도들이 여러분 있다. 매월 1만 원씩 선교헌금을 보내시는 권사님들이 계신데, 내가 한국에 나오기만 하면 교제하는 시간을 가지곤 하였다. 그 분들 중에 여러분이 이미 소천하셨다.

딸 리나가 내수동교회에서 박희천 목사님의 주례로 결혼식을 올리던 날엔 교인들이 많이 와주셨고, 꽃장식과 피아노와 바이올린 반주와 안내 등으로 섬기며 성대한 결혼식이 되도록 도와주셨다. 연로하셨던 김홍렬 권사님은 1천만 원을 결혼 준비에 쓰라고 아들 집사님을 통해 내게 보내주셨다. 나는 그 돈을 딸 결혼을 위한 지정 선교비 명목으로 선교회에 입금하고, 다시 받아서 결혼 준비에 사용하였다.

내가 현재 인도네시아에서 거주하고 있는 람뿡(Lampung)의 집 (Vision House)을 구입할 때는 1억 2천만 원의 헌금이 들어왔는데, 그 중 4천 5백만 원이 내수동교회를 통하여 후원되었다. 교회 재정에서 2천만 원, 무명의 성도가 2천 5백만 원을 헌금한 것이다. 내가 교회의 기대에 충분히 부응하지 못한 담임목사였음에도 불구하고, 내수동교회가 내게 보여주신 크신 사랑을 잊을 수 없다. 새삼 깊이 머리와 마음 숙여 감사드린다.

14

땅끝에서 주님을
맞이할 준비

선교 자원 동원 사역

나는 2003년 8월 13일 내수동교회를 사임한 뒤부터는 한동안 선교 단체에서 선교사들을 훈련하고 선교 자원을 동원하는 사역에 몰두했다. 그해 10월 1일에는 PWM이 한국지구촌선교회(KGM)와 통합해 세운 GP선교회의 선교사로서 허입되었다. 그달 13일부터 18일에 방콕(Bangkok)에서 모인 GP선교회의 연례회의에서 내가 국제본부에 소속된 GPTC의 부원장이 되었다. 아내 홍은희 선교사는 돌봄팀(Care Team)의 일원으로 사역하기로 결정되었다. 이후 2년간 한국의 국제본부 사무실에 머물면서 한국연합선교훈련원(Korea United Missionary

Training Institute : KUMTI)의 원장 역할도 하며 훈련 프로그램을 진행하였다. 이외에도 내수동교회 담임목사 시절에 교회 밖에서 맡았던 선교단체의 직임들은 대부분 임기가 다하기까지 감당하였다.

한국복음주의협의회(Korean Evangelical Fellowsip : KEF)의 총무로서 매달 한국교회 지도자들의 조찬기도회와 발표 모임을 준비하여 시행하였다. KEF 총무로서의 사역은 GP국제본부에서 일할 때도 임기를 다할 때까지 간사를 데려와 계속하였다.

2002년 4월 26일부터 29일에는 신림에 소재한 명성교회 수양관에서 아시아 20개 국의 교회 지도자 400명이 모인 가운데 제6차 아시아교회대회(The 6th Asian Church Congress 2004)가 열렸는데, 나는 이 집회를 준비하고 진행하였다. 그해 11월 25일에는 한국세계선교협의회(KWMA)의 한국연합선교훈련원의 원장을 맡아달라는 제안을 공식적으로 받고 수락하였다. 12월 4일에는 소속 교단인 대한예수교장로회 합동 교단의 선교부인 GMS에도 GP선교회 소속과 더불어 이중 멤버십을 가진 선교사로서 허입되었다.

2004년 3월 8일부터 4월 8일에는 세계선교협의회 산하의 한국연합선교훈련원의 제10기 훈련을 곤지암에 소재한 실촌수양관에서 주재하여 시행하였다. 2005년 10월부터 2008년 8월까지 약 3년간은 말레이시아에서 훈련원장으로서 사역하면서, 종종 교회와 선교단체들이 초청하면 한국에 와서 설교와 특강을 하였다.

GP 대표 시절에 한 일들

2008년 9월부터 2012년 8월까지 4년간 GP선교회의 전체를 지휘하는 국제대표(International Director of Global Partners) 직을 수행하였다. 국제대표는 선교회에 소속된 선교사님들의 사역 전반에 대해 관리하고 감독하고 지원해야 하는 중요한 직책이었다.

GP 국제본부 산하에는 한국과 미국에 본부 사무실이 있고, 선교 정보를 수집하고 전략을 세우는 GP연구개발원, 수습선교사를 훈련하는 GPTC 훈련원, 여성사역개발원 등이 있다. 한국과 미국에 있는 후원자들의 대표로 구성된 의사결정 기관으로서 양국에 각각 이사회가 있고, 선교회의 전체적인 의사결정 기관으로는 선교사 대표들과 미국 이사회와 한국 이사회의 대표들로 구성된 국제협의회가 있다. 이런 사역을 가능하게 하는 배후에는 한국과 미국 등에서 기도와 재정으로 선교사님들을 후원하는 2천여 명의 개인 성도들과 1,400여 개의 지역 교회와 후원단체들이 있다. 이분들이 GP선교사 가정들의 필요와 선교사역의 필요를 채워주시는 동역자들이다.

GPTC 훈련원에는 수습 선교사 훈련과 병행하여 선교사를 동원하고 교육하는 선교훈련과정인 SMC(Send Me Course : 선교사 지망생의 안내 훈련)와 FMS(Floating Mission School : 선교지를 방문하며 받는 훈련)을 운영하고 있고, 개교회가 요청할 때 그 교회의 선교프로그램을 돕는 MAC(Modern Acts Course : 지역교회 선교훈련)을 지원하고 있다. 격월로 선교사들을 위한 기도 캘린더를 발행하고, 분기마다 〈지피선교〉라는 잡지를 발간하여 후원자들과 교회에 발송하고 있다.

나는 GP선교회의 대표로 일하는 동안 선교회의 백서와 선교사 수기집을 출판하였다. 또한 GP선교회에서 구조 변화를 마무리지었다. 세계를 크게 5개의 광역으로 나누고, 그 지역을 책임지는 광역대표(Area Director : ID) 제도가 세워졌다.

GP선교회의 사역 방향은 '(현지에) 교회를 세우는 선교'(Church Planting Mission)에 머물지 않고 '(현지인이) 선교를 하게 하는 선교' (Mission Planting Mission)를 하는 것이다. 선교지에 교회와 일꾼을 세우는 데 머물지 않고, 현지의 교회를 세계선교의 동반자가 되게 만드는 사역까지 목표로 삼은 것이다. 나는 선교회의 대표로서 선교지마다 현지인 선교사를 다른 선교지로 파송하는 일이 구체적으로 일어나도록 독려하였다. 그 결과 2010년 4월에 GP선교회의 브라질 이사회가 공식적으로 창립돼 모잠비크로 브라질 선교사 두 가정을 파송하였다. 중국인들을 말레이시아로 불러내 훈련하여 세계선교의 동역자로서 파송하기 시작하였다. 중국 중산층의 지하교회가 이 사역을 위해 큰 재정을 후원하였다.

내가 대표로서 참가한 국제대회로는 동경대회(2010년 5월 11-14일), 3차 로잔대회(2010년 10월 16.-25일), 5차 선교전략회의(NCOWE-V : 2010년 6월 30-7월 3일) 등이었다. 2010년에는 선교한국 대회에 참여했다. GP선교회 선교사들과 이사들과 간사들이 4년마다 다 함께 모이는 '2010 GP선교대회'가 6월 15일부터 18일에 필리핀 클락에서 열렸다.

GP선교회 대표로 활동할 때 선교지에서 철수하고 새로운 선교지를 개발하는 일도 있었다. 대한민국 정부가 아프가니스탄 입국을 제한하고 있을 때 미국 출신 선교사만 주재하여 사역을 할 수 있었는데, 그런 형편을 고려해 한국 출신 선교사의 아프가니스탄 사역을 마무리하도록 하고, 그들을 아프리카의 브루키나파소와 코트디부아르로 보냈다. 그렇게 선교회를 섬기고 있던 도중, 2010년 4월 10일에 내가 목회하던 내수동교회에서 박희천 목사님의 주례로 딸 리나가 사위 최재진과 결혼식을 올렸다.

나는 한인 디아스포라들을 세계복음화의 자원으로 동원하는 사역에 참가하기도 했다. 2011년 1월에 브라질, 아르헨티나, 칠레의 선교사들을 방문하고, 그 지역에 있는 한국인 디아스포라들을 선교에 동원하는 '선교남미 2011대회'를 인도하였다. 그 대회에서 포르투갈어와 스페인어를 자유롭게 구사하며 현지 문화에 익숙한 자원들을 세계선교를 위해 동원하는 일이 중요하다고 느꼈다. 그래서 그 이전 해에 시작된 GP선교회 브라질 본부의 활성화를 모색하였다. 3월에는 세계 각처에 흩어진 한국인 디아스포라를 선교자원으로 동원하는 일을 모색하는 KODIMNET(Korean Diaspora Missions Network) 모임에 참석하였다. 한국인 디아스포라를 전도하고 양육하여 세계복음화를 위한 일꾼으로 동원하는 일이었다.

나는 그 외에도 국내의 후원자 관리와 동원, 선교사 가족과 사역의 지원, 선교 정보 수집과 전략 수립, 선교사 훈련, 각종 선교대회의 참석 등의 많은 사역과 이에 따르는 행정업무를 수행하였다. 나의 대표 직책 수행을 통하여 선교회와 관계된 모든 분들을 잘 섬길 수 있기를 바랐다. 나는 지금도 GP선교회가 하나님 나라 도래를 위하여 세계 전체의 상황에 맞는 전략을 가지고 사역하며, 사람들을 구원하고 하나님의 영광이 충만히 나타나는 열매를 맺기를 기도하고 있다.

코디아 사역과 뇌수막염 발병

GP선교회의 대표직 임기를 마친 2012년 9월부터 2014년 11월까지 코디아(Korean Diaspora with a Mission) 대표 사역을 했다. 코디아는 해외에 있는 한국인 디아스포라들을 복음화하여 세계선교에 동원하는 것을 목적으로 하는 KWMA(한국세계선교협의회) 산하의 선교 기관이다. 사무실은 KWMA 건물 4층에 마련하여 내가 혼자 근무하고, 경건회와 교제는 2층과 3층에 있는 KWMA 동역자들과 함께 하였다.

코디아 대표로서 주로 한 일은 미주 한인 디아스포라 모임에 참석하거나 디아스포라에 대한 정보자료들을 모으는 일 등이었다. 2014년 5월에 열린 '세계한인디아스포라선교대회'의 준비위원장을 맡아 그 전해의 후반부터 준비 작업을 하였다. 원래는 이 대회를 횃불선교회와 KWMA가 공동으로 주최하기로 했던 것인데, 준비하는 과정에서 함께 하기 어려운 상황이 됐다. 결국 두 단체가 각각 디아스포라선교대회를 개최하게 되었다.

나는 여의도순복음교회에서 모이는 '세계한인동원선교대회'의 준비위원장으로서 대회를 인도하였다. 이 선교대회의 열매로서, 해외 이민교회의 성도들이 자신들이 사는 나라의 미전도종족들을 복음화하는 노력을 배가하기를 기대하였다. 나는 대회 중의 성경강해에서도 미전도종족 선교에 대한 우선순위를 강조하였다. 내가 2013년 9월부터 인도네시아 남부 수마트라의 미전도종족을 복음화하는 사역을 나의 주 사역으로 삼고 있었기 때문이다. 그때는 그 지역에 가서 일할 사역자를 선발하고, 그 사역자를 후원할 사람과 단체를 찾아 연결하는 사역을 시작하고 있던 참이었다. 나는 그렇게 한국뿐 아니라 전세계를 돌아다니며 선교동원 사역을 하였다.

2014년 3월 3일에서 10일까지 인도네시아 벙쿨루의 미전도종족 사역자를 방문하였을 때였다. 호텔이 습하여 호흡하기 불편하다는 느낌을 받았다. 아마도 그때 호흡기로 곰팡이가 들어와 허파에 서서히 문제를 일으킨 것 같다. 하지만 그때는 원인을 알지 못한 채 두통에 시달리기 시작하였다.

한국 기독교 130주년 기념 세계선교대회가 열린 5월까지도 두통이 가라앉지 않고 더 심해지기만 했다. 진료를 받아보았지만 병명은 발견하지 못했다. 계속 진통제를 복용하며 그 대회를 마쳤다. 6월 3일부터 6일까지 태국에서 GP선교대회가 열렸다. 여전히 두통으로 고통스러웠지만 전임 국제대표로서 빠질 수 없는 입장이라 무리하게 참석하였다. 곧이어 6월 16일부터 27일 사이에 인도네시아에서 열린 KODIMNET에도 참석해야 했고 수라와이(Surawai) 종족의 쥬빌리 행사에도 참석하는 등, 그 후에도 약속되었던 강의와 집회들을 진통제를 복용하며 강행하였다.

머리가 아프지 않은 상태로 살 수 있는 날이 다시 있을지 믿어지지 않을 정도로 두통이 계속되었다. 결국 7월 2일과 3일, 신촌 세브란스병원에 입원하여 검사를 받았다. 조직검사 결과 암은 아니고 폐렴이라는 진단을 받았다. 그래도 두통은 계속됐는데, 폐렴과 두통은 관계가 없다고 하여 8월 1일에 다시 입원해 이번엔 척수 검사를 받았다. 그 결과 '곰팡이성(클립토 코쿠스) 뇌수막염'이라는 진단을 받았다. 검사를 받으러 병원에 가던 날에 결국 쓰러지고 말았는데, 마침 사위가 곁에 있어서 나를 업고 의사에게 뛰어간 일은 천만다행이었다.

하나님의 크심을 경험하다

병세가 한창 깊었던 10월 무렵의 경험이다. 어느 날 온 우주가 작아지고, 보좌에 앉아계시는 하나님을 환상처럼 볼 수 있었다. 하나님의 모습이 구체적으로 어떠했는지는 보지 못했지만, 분명한 것은 한없이 큰 분이시라는 사실이었다. 나는 이런 환상을 두 번 경험하였다. 이 경험을 한 다음 내게 생긴 변화는 하나님이 너무나 두렵게 느껴진 것이다. 하나님께서 선한 목자로서 나를 사랑하시는 좋은 분이라는 느낌은 다 사라지고, 사람이 감당할 수 없도록 무한히 크신 분으로만 느껴졌다. 그때부터 무려 한 달가량 사랑의 하나님으로 느껴지지 않았다. 한없이 크신 하나님으로만 느껴져 두렵고 힘이 들었다.

11월이 시작된 어느 날이었다. "땅끝에서 주님을 맞으리. 주께 드릴 열매 가득 안고"라는 찬송이 계속 반복하여 입에서 흘러나왔다.

주께서 주신 동산에 땀 흘리며 씨를 뿌리며
내 모든 삶을 드리리 날 사랑하시는 내 주님께
땅끝에서 주님을 맞으리 주께 드릴 열매 가득 안고

땅끝에서 주님을 뵈오리 주께 드릴 노래 가득 안고

땅의 모든 끝 찬양하라 주님 오실 길 예비하라

땅의 모든 끝에서 영광의 주님 곧 오시리

비바람 앞을 가리고 내 육체는 쇠잔해져도

내 모든 삶을 드리리 내 사모하는 내 주님께

고형원 선교사가 만든 '땅끝에서'라는 복음성가다. 그 찬송을 반복해서 불렀는데, '내가 이 노래를 진심으로 부르려면 미전도종족이 있는 선교지에 가 있어야 한다'라는 생각이 들었다.

'그래 맞다! 그래야 이 찬송에서 고백하는 말이 맞지, 한국에 있으면서 이 찬송을 부르는 건 옳지 않아.'

나는 즉시 다짐하듯 기도했다.

"주님께서 나를 회복시켜 주시면, 선교지로 가서 '주께 드릴 열매'로서 남은 미전도종족의 사람들을 전도하는 일에 집중하는 사역을 하겠습니다."

그 후 병상에서 성경을 읽는데, 이사야서 40장 1-2절의 말씀이 내게 개인적으로 주시는 하나님의 말씀 같았다.

사 40:1-2   너희의 하나님이 이르시되 너희는 위로하라 내 백성을 위로하라 너희는 예루살렘의 마음에 닿도록 말하며 그것에게 외치라 그 노역의 때가 끝났고 그 죄악이 사함을 받았느니라 그의 모든 죄로 말미암아 여호와의 손에서 벌을 배나 받았느니라 할지 내가 이 병으로 두 배나 큰 벌을 받은 것 같았지만, 이제 그 징계가 끝났다는 말씀으로 믿어졌다. 더 이상 아프지 않고 나을 것이라고 믿은 것이다. 크고 두려운 하나님이 아니라, 선하시고 좋으신 하나님이시라는 느낌이 나를 감싸기 시작했다. 그날 아침, 회진을 온 주치의에게 말했다.

"제가 이제는 나을 겁니다. 하나님께서 그렇게 해주시겠다는 말씀을 주셨어요."

의사는 "그러면 좋지요" 하고 웃었지만, 나는 그렇게 믿어졌다. 그날부터 내 몸은 빠르게 회복되었다. 추석 기간에 잠깐 퇴원했다가, 3개월 반의 긴 입원을 마치고 11월 20일에 정식으로 퇴원하였다. 그렇게 퇴원한 다음 9년이 지난 지금까지, 나는 그때 느낀 두통을 한 번도 경험하지 않았다.

제2기 인도네시아 사역의 시작

3개월 반 동안 입원하였다가 퇴원하니 체력이 많이 약해져 있었다. 진균(곰팡이)이 완전히 제거되었다는 판정도 받지 못한 상태였다. 몸이 덜 회복된 상태였지만 인도네시아에 돌아온 2015년에는 우선 건강을 회복하는 데 집중하였다. 예정된 사역을 감당하기도 했지만, 처방받은 약을 복용하며 집 앞에 있던 테니스장을 매일 걸었다. 이윽고 조금씩 뛸 수도 있게 되었고, 코치의 도움을 받아 테니스를 치기도 하였다. 그

람뿡의 빌립보(Filipi) 교회 주일 예배에서 설교하기 전에 성도들을 위해 기도하고 있다.

리고 1년이 지나 다시 검진했을 때, 감염내과 주치의는 나의 모든 수치가 건강한 상태로 나왔다며 나보다 더 기뻐하였다.

인도네시아에 돌아온 나는 병상에서 기도했던 대로 미전도종족 복음화 사역을 본격화했다. 기존에 후원하던 미전도종족 사역자는 계속 후원하면서, 매월 300달러 또는 30만 원을 후원하기로 약속하는 후원자가 생기는 대로 아직 사역자가 배치되지 못한 미전도종족마다 사역자를 추가로 배치하였다. 후원자는 대부분 내가 아는 한국과 미국의 성도들과 교회들이다. 사역자는 인도네시아 4개 교단 총회와 한 선교단체에서 추천을 받아, 총회마다 관리하고 감독하는 사람들을 세우고 있다. 생활비와 활동비는 소속 총회와 단체를 통하여 전달하고 있다.

인도네시아에 다시 돌아간 2015년에는 자카르타한인연합교회가 동역하는 목회자들의 집회를 섬길 수 있었다. 동부 자바지역의 목회자들을 위한 집회를 바뚜말랑(Batu-Malang)에서, 서부 칼리만탄지역 목회자들을 위한 집회를 뽄띠아낙(Pontianak)에서, 그리고 북부 수마트라지역의 목회자들을 위한 집회를 메단(Medan)에서 2박 3일씩 각각 인도하였다.

인도네시아 동부지역에 있는 티모르(Timor) 섬의 서쪽, 인도네시아령인 소에(Soe)라는 곳에서도 목회자들을 위한 집회를 여섯 번 인도하였다. 그 지역을 중심으로 선교하며 교회를 지어주고 학교를 후원하는 서띠모르선교회(허길량 목사)에서 나를 초청하여 강의하게 해준 것이다. 감사하게도 서서히 체력이 회복되기 시작해 이 모든 일정을 감당할 수 있게 되었다. 내가 사실상 17년간 한국과 말레이시아에서 다른 사역을 하고 인도네시아로 돌아와 인도네시아어로 인도하는 집회임에도 불구하고 큰 불편을 느끼지 않고 말씀을 증거할 수 있었다.

최근에는 내가 살고 있는 도시인 반다르 람뿡(Bandar Lampung)에 있는 교회들을 주일마다 순회하며 설교하고 있다. 첫째 주일에는 빌립보(Filipi)교회에서, 둘째 주일에는 빌라델비아(Filadelfia)교회에서 설교하고 있다. 그 후에는 정해지는 대로 다른 교회들에서 주일에 말씀을 전하는 사역을 하고 있다. 단중에님신학교에도 이 책의 4부에 쓴 '성경이 말하는 선교'(Biblical Basis of Missions)를 주제로 강의하기 위해 매해 한두 주간 방문하기도 하였다. 안성원 선교사님과 빠무지(Pamuji) 목사가 주도하여 인도네시아인들 중심으로 세계선교를 하려고 만든 단체인 'World Partners'라는 선교회의 수습 선교사들에게도 '성경이 말하는 선교'를 매해 강의하였는데, 팬데믹 기간인 21년과 22년에는 줌(Zoom)으로 강의하였다.

　2021년 3월 말부터 6월 말까지 3개월간, 그리고 그해 9월부터 2022년 8월까지 1년간, 인도네시아에서 가장 큰 한인교회로 알려진 자카르타한인연합교회에서 설교 목사 사역을 했다. 그때는 그 교회의 담임목사가 공석이었기 때문인데, 주일예배와 수요예배와 금요예배와 새벽기도회를 모두 인도하였다. 팬데믹 상황이었지만, 감사하게도 비교적 많은 성도들이 예배에 참석하였다. 그 일로 인해 내게는 놀라운 간증이 생겼다. 팬데믹 기간에 후원이 많이 줄어들어 미전도종족 사역자들을 후원하기가 매우 어려웠는데, 자카르타한인연합교회가 주시는 사례비가 넉넉하여 미전도종족 사역자들을 계속 후원할 수 있었던 것이다. 하나님께서 나를 사용하여 이 사역을 계속 하도록 하시니 얼마나 감사한가!

15
가족을 어루만지신
하나님 손길

딸 리나의 인도네시아 생활

우리 부부는 딸 리나가 5살이 되던 해인 1984년에 인도네시아로 파송
받았다. 리나는 그해 선교본부가 있는 바뚜의 초등학교에 있는 유치원
을 다녔다. 다음 해에는 본부에서 8킬로미터쯤 떨어진 말랑(Malang)에
있는 웨슬리학교(Wesley School)의 유치원을 한 학기 동안 다녔다. 그
후 우리가 수마트라 섬의 남부에 있는 사역지인 단중에님으로 이사하
여 정착하면서 그 마을의 인도네시아 초등학교를 2년간 다녔다. 학생
들 대부분이 이슬람교도의 자녀인데, 많은 아이들이 맨발이나 슬리퍼
를 신고 다녔다. 더운 날씨 탓에 아침 7시에 수업을 시작하여 보통 9시

면 마치고, 길게 해도 오전 중에 집으로 돌아왔다. 리나는 한글보다 인도네시아어에 더 빨리 익숙해질 수밖에 없었다. 그래서 집에서는 엄마인 홍은희 선교사가 한글을 깨치지 못한 딸이 읽고 쓸 수 있도록 한국의 교과서를 가르치는 담임 교사가 되어야 했다. 나는 딸에게 한국어 단어를 알게 해주려고 자카르타에 사는 김재유 집사님의 가정에서 가져온 한글 동화책을 읽어 주었다.

리나는 집에서 아주 작은 원숭이 새끼를 애완용으로 데리고 놀았다. 그걸 삐뽀라고 불렀는데, 이놈의 원숭이가 내 책상에 올라가 똥을 누기도 했다. 그래서 밤에는 작은 새장에 넣어두었다가 날이 밝으면 풀어주곤 했는데, 그러면 리나가 목욕을 시키기도 하였다. 어느 날 우리집 위에 사는 학장 집의 개가 내려와 마당에 있던 삐뽀를 물어 죽였다. 보통의 원숭이라면 얼른 나무 위로 올라가 목숨을 부지할 텐데, 집안과 새장에 갇혀 살기만 해서 피할 줄을 몰랐던 것 같다. 이 일을 보고 깨달은 교훈이 있다. 아무리 잠재능력이 있어도 개발하고 사용하지 않으면 이렇게 죽을 수도 있다는 것을.

잘 지키지 못하면 빼앗기기도 한다는 걸 경험한 일도 있다. 신학교의 집 주변은 밀림이나 다름없어서 어른 팔뚝만한 비아왁(Biawak)이라는 도마뱀이 많았다. 하루는 도마뱀이 마당에서 자란 수박 중에서 익은 것만 골라 파먹었다. 그때 초등학교 1학년이던 리나는 수박이 다 익으면 먹겠다고 잔뜩 기대했는데, 도마뱀이 파먹은 걸 보고 화가 났는지, 도마뱀이 도둑놈이라며 눈에 띄면 돌을 던져 쫓아내곤 했다. 그 수박은 우리가 일부러 심은 것이 아니었다. 먹고 뱉어 버린 수박씨가 비옥한

밀림의 땅에서 자연스럽게 뿌리를 내리고 열매를 맺은 것이었다.

우리는 리나가 초등학교 3학년이 되면서부터 학교에 보내지 않았다. 집에서 홈스쿨링을 한 셈인데, 엄마가 한국 교과과정의 교과서로 가르치고, 시험을 볼 때만 자카르타의 한국대사관 옆에 있던 한인학교에 데려다주었다. 그때 한인학교의 이민언 교장선생님의 배려가 있었고, 안영란 선생님이 리나를 자기 집에서 재워주고 돌봐주셨다.

선교사 자녀를 위한 주님의 준비

리나가 5학년 과정을 시작해야 할 때는 우리 가족이 모두 안식년으로 한국에 나가 있어야 했는데, 나는 형편상 한동안 팔렘방에서 개척한 교회를 계속 목회하고, 홍은희 선교사와 리나만 경기도 화성군 팔탄면 월문리에 있는 바울의 집에 가 있게 되었다. 리나는 전학증서가 없는 신분이었지만, 일단은 면사무소에 가서 취학명령서를 만들어 달라고 부탁하여 월문국민학교에 제출하고 5학년 반에 들어갔다.

하나님께서는 놀랍게도 그 학교에서 정영식 선생님이 리나의 담임이 되게 하셨다. 그 일이 얼마나 놀라운 일이었는가 하면, 정 선생님이 춘천에서 교육대학교를 다닐 때 내 옆집에 살던 분이고, 심지어 IVF 활동까지 같이 하던 분이기 때문이다. 그가 강원도에서 근무하다 수년 전부터 경기도로 옮기기를 청원하였는데, 그 해에 비로소 경기도로 발령받아 하필 그 학교에 부임해 계셨던 것이다. 게다가 리나의 담임을 맡게 되다니!

정영식 선생님은 리나가 나의 딸이라는 것을 알게 되었을 때, 리나를 책임지고 돌보라고 하나님께서 자신을 경기도로 보내주시고, 그 많은 학교와 학급 중에서도 리나가 오게 된 월문초등학교의 5학년 담임으로 보내셨다고 생각하셨다. 한국에서 학교를 다니지 않았던 리나가 한국의 학교생활에 적응할 수 있도록, 하나님께서 나의 옛 친구인 정영식 선생님을 강원도에서 경기도로, 그것도 적시에 적당한 곳에 배치해 주셨으니 얼마나 놀라운가?

리나는 내가 안식년으로 영국에 가 있을 때 영국 웨일즈의 브리젠드에 있는 중학교에서 10개월간 1학년 과정을 다녔다. 이번에는 영어가 잘 안되는 아이임에도 불구하고 아무 조건이나 시험도 없이, 그저 당시 나이가 만 12세라고 1학년에 넣어주었다. 리나는 말이 통하지 않았어도 학교에 가는 것을 좋아하였다. 그때가 영어로 공부하기 시작한 첫 해라고 할 수 있다. 한국에 돌아와서는 그 학교를 다녔다는 증서만으로 발안에 있는 화성여자중학교에 1학년 2학기 때 들어가 한 학기를 다녔다. 동갑의 친구들은 아직 초등학교 6학년일 때인데, 리나는 1년 앞서 중학생이 되는 바람에 친구들이 리나에게 '반칙'이라고 농담처럼 항의하였다.

리나가 중학교에서 한 학기를 마쳤을 때 우리 가족은 바울의 집에서 나가야 했다. 한국에서 부모의 보호 아래 중고등학교를 다니기는 곤란해진 것 같아서, 우리는 리나를 급히 필리핀의 선교사 자녀 학교인 'Faith Academy'로 보냈다. 당시 그 학교에서는 관련이 없는 단체 소속의 선교사 자녀는 입학이 허락되지 않았는데, 마침 우리와 같은 선교회 소속이던 조용중 선교사님의 부인인 최경련 선교사님이 그 학교에서 봉사하고 계셔서 덕분에 입학할 수 있었다.

리나는 그 학교에 입학할 때 영어시험을 치렀는데, 중학교 과정에 들어갈 수준이 안 된다고 학교가 판단하여 한 학년을 낮춰 6학년으로 받아주었다. 다행히 학교 안에 있는 기숙사에서 미국에서 파송받은 선교사 부부가 '기숙사 부모'(Dorm Parents)로서 6명의 아이들을 친부모처럼 돌보고 있어서 리나는 안정되고 좋은 환경에서 지낼 수 있게 되었다. 주말에는 수영장이나 영화관에 데려가기도 해서 어떤 면에서는 친부모의 돌봄보다 더 좋은 점도 있었다. 리나는 그 학교에서 4년간 지냈고, 고등학생이 되어서는 인도네시아의 자바섬 동부의 도시인 수라바야국제학교(Surabaya International School)로 전학하였다.

우리 부부가 인도네시아로 돌아가 수라바야에 있을 때 일이다. 그때 중학교 1학년이던 리나는 방학을 하게 되자 혼자 마닐라 공항에서 비행기를 탔고, 싱가폴과 자카르타를 경유해 수라바야 공항까지 무사히 도착하였다. 우리는 리나가 방학을 마치고 필리핀으로 돌아갈 때 같은 경로로 돌아가도록 비행기표를 준비해주었다.

리나는 돌아가던 날 오전에 수라바야 공항에서 혼자 비행기를 탔는데, 그날 저녁에 싱가폴 공항에서 우리에게 전화하였다. 싱가폴에서 마닐라로 가는 연결 비행기가 취소(Cancelled)되어, 자기가 항공사에 요청해 마닐라 공항에서 기다리기로 한 선생님과 수라바야에 있는 부모에게 항공사 비용으로 전화한다는 것이었다. 우리는 놀라지 않을 수 없었는데, 항공사가 호텔 숙소와 다음 날 타고 갈 비행기까지 다 책임져주었으니 염려하지 말라는 말까지 하였다.

어린아이가 어른도 당황할 수밖에 없는 상황을 겪고도 잘 대처하는 걸 보니 대견했다. 선교사 부모를 따라다니다 보니 국제 사회의 돌발 상황에 적응하는 훈련이 이미 되어 있었다는 생각이 들어 감사하기도 했다. 마침 그때 싱가폴에 주재하고 계셨던 선교회의 선배 이은무 선교 사께서 리나가 호텔과 비행 일정을 다 잘 해결했다는 걸 확인하고 우리 에게 안심하라고 알려주기도 하였다. 부모를 따라 타문화지역에서 생 활하고 국제 여행을 자주 경험한 선교사 자녀(MK)가 가질 수 있는 장 점을 잘 보여준 경험이었다.

한국에서 수학 선생님을 보내신 이유

1996년 여름, 강원대학교 IVF 학생들이 돈을 모아 수학교육과 학생인 한효관 형제를 인도네시아 수라바야의 우리집에 단기 사역자로 보내 주었다. 한 형제는 두 주 가까이 우리집에서 머물며 방학을 맞아 집에 있던 리나에게 공통수학과 수학 1 내용을 가르쳐주었다. 한국에서 키 크고 멋진 오빠가 와서 가르쳐주어 그런지 리나는 열심히 공부하였다. 다음 해인 1997년 여름, 이번에는 안성원 선교사께서 자카르타에 오신 구리여자중학교의 강선순 수학 선생님을 우리집에 보내주셨다. 리나 는 이번에도 공통 수학과 수학 1 내용을 배울 수 있었는데, "역시 수학 선생님이라 그러신지 잘 가르치셔요"라고 말하였다. 경험이 많은 교사 가 가르치는 것이 어디가 달라도 달랐던 모양이다. 선생님이 잘 가르쳐 주기도 하셨겠지만, 리나가 그 내용을 이해했다고 생각하니 나는 더 흡 족했다.

그해 늦은 가을, 리나는 특례입학대상으로 연세대학교에 지원하게 되었다. 입학원서는 신촌 캠퍼스의 입시 관리처에 내야 했다. 당시 알려진 바로는, 연세대학교 신촌 본교에 지원하는 학생은 필기시험을 다 치러야 하지만, 원주 분교에 지원하는 학생은 내신 서류 심사와 면접만으로 합격 여부를 결정한다고 하였다. 그래서 리나는 연세대학교 상경대학 원주 분교에 지원하는 것으로 서류를 준비하여 제출하였다. 마침 그해 연세대학교 입시전형에는 선교사 자녀들에게 특혜를 주겠다는 공지가 있었다. 우리는 PWM선교회의 선교사로서 현지에 주재중이라는 서류를 연세대학교 교목실에 제출하였고, 교목실이 그 서류를 인증해주어 입학원서와 함께 제출할 수 있었다.

며칠 후, 연세대학교 입시관리처의 담당자가 PWM 서울 사무실로 전화를 걸어왔다. 지금은 인도네시아 메단(Medan)에서 사역하고 있는 홍혜란 실장님이 그 전화를 받았는데, "김리나 학생은 '국어'라는 일반 과목이 아니라 외국인에게 출제하는 비교적 쉬운 한국어 시험만 보면 되는데, 왜 신촌 본교에 지원하지 않고 원주 분교에 지원하느냐"고 홍 실장께 물었다고 한다. 한국 말을 어느 정도 하는 학생이라면 시험이 어렵지 않을 것이라는 정보였다. 아울러 수학이나 다른 과목은 보지 않는다고 하였다. 그래서 홍 실장님이 인도네시아에 있는 내게 연락해 "리나는 한국어와 면접만 보면 된다는데, 원서를 신촌 본교로 바꾸도록 할까요?"라고 물어와 본교로 바꾸어 내도록 서류를 조정하였다.

입학시험을 보는 날, 리나가 한국어 시험을 치러 교실로 들어가 있는 사이에, 엄마 홍은희 선교사는 돌다리도 두드려 보자는 생각이 들었는지, 딸이 다음날 어디로 면접을 보러가면 되는지 알아보려고 입시관리처를 찾아갔다. 그곳에서 리나가 바로 다음 시간에 수학 시험을 치러야 하고, 이어서 영어 시험도 치러야 한다는 것을 알게 되었다. 당황하여 급히 리나의 시험장 앞으로 달려가서 기다리다가, 시험이 다 끝난 줄 알고 나오는 리나에게 "떨어질 때는 떨어지더라도 수학과 영어 시험까지 다 치고 나와야 한다"고 알려주어 계속 시험을 치르게 하였다. 이상한 일은, 리나가 자신은 없었지만 그래도 수학 문제를 풀었다는 것이다. 나는 이런 일이 생긴 줄 모르고 인도네시아에서 혼자 종일 엎드려 기도만 하고 있었다.

리나가 합격했다는 소식을 들었을 때, 나는 한국에서 온 수학 선생님들 생각이 뒤늦게 났다. 하나님을 찬양하지 않을 수 없었다. 우리가 14년간 인도네시아에 선교사로 있는 동안, 우리집에 단기 사역자로 왔던 사람은 한효관 형제와 강선순 선생님 두 사람뿐이었는데, 두 분 다 리나에게 수학을 가르쳐 주셨다. 주권자 하나님께서 리나가 갑자기 수학 시험을 보아야 할 것을 미리 아시고, 2년간 그들을 보내서서 수학 시험을 볼 수 있게 해주셨던 것이다.

지금도 홍혜란 선교사님은 "그때 분명히 입시 관리처 직원으로부터 리나는 수학과 영어 과목은 안 보고 한국어와 면접만 보면 된다"고 들었다고 기억하신다. 합격 발표가 나기까지 며칠간, 본인이 잘못 들은 실수로 혹시나 리나가 입시에 떨어지면 어쩌나 싶어서 조바심이 나 견딜 수 없었고, 미안했던 나머지 자신은 공중 폭발이 되면 좋겠다는 생각까지 했다고 하셨다. 어떻든 그렇게 하여, 리나는 연세대학교 신촌 본교의 상경 계열에 진학할 수 있게 되었다.

옥스퍼드 법대와 뉴욕 변호사

리나는 한국어 수준이 대학 강의를 듣기에는 아무래도 부족해서 다른 학생들보다 더 노력해야 했던 거 같다. 여름과 겨울 방학마다 있는 계절학기에서 학점이 낮게 나온 과목은 다시 수강하였다. 대학교는 보통 8학기면 졸업하지만, 리나는 9학기까지 다니고 '코스모스 졸업'을 하였다. 연이어 연세대학교 국제대학원의 국제협력과에 진학하여 석사 과정을 마치기 전 UN 여성부의 인턴사원에 지원해 합격하였다. 그래서 '내전 후의 여성 인권에 대한 조사'를 하러 아프리카 시에라리온에 파견되어 한동안 근무하였다. 그곳에서 아프리카 국가들의 여성 인권을 개선하는 일을 하고 싶은 마음이 들었고, 그러자면 법을 공부할 필요가 있다고 느꼈다. 그곳에서 UN 여성부 책임자의 추천서를 받아 옥스퍼드대학 법대에 지원하여 합격 통지를 받았고, 1년에 3학기씩 3년간 옥스퍼드대학에서 공부하였다.

리나가 연세대학교를 다닐 때는 내수동교회 사택에서 버스로 두 정거장만 가면 되어서 대학과 대학원 시절이 크게 어렵진 않았는데, 옥스퍼드에 합격했을 때는 내가 내수동교회를 사임했을 때였다. 감사하게도 내수동교회가 나의 퇴직금에 1억 원을 더하여 후하게 주신 덕분에, 그 재정으로 리나가 옥스퍼드대학교에 내야 하는 3년간의 학비를 감당할 수 있었다. 하나님께서 때와 필요에 맞춰 재정을 공급해주셨다고 생각한다.

리나는 옥스퍼드를 졸업한 후, 미국 뉴욕 주의 변호사 시험(Bar Exam)에 합격하여 변호사(Attorny at Law) 자격증을 획득하였다. 이 자격증으로 한때 인도네시아 석탄회사에서 법무 담당자로 일하기도 하였다. 지금은 캐나다에서 엄마로서의 역할에 집중하고 있다. UN에서 일할 때 국제 사회에서는 영어뿐 아니라 프랑스어도 필요하다고 느꼈는데, 자기 딸은 프랑스어와 영어를 동시에 할 수 있는 사람으로 키우려는 꿈이 있다.

아내 홍은희 선교사는 손녀에게 원격으로 성경을 가르쳤다. 디모데를 가르친 외조모 루이스처럼, 웨스트민스터신학교를 세운 메이첸 박사의 어머니처럼, 아이가 어릴 때 성경을 가르치는 것이 미래 세대의 준비에 유익할 것이라는 생각을 가지고 있었기 때문이다. 손녀가 옆에 있다면 매일 성경을 가르쳤겠지만, 멀리 떨어져 있어서 대신 줌을 이용했던 것이다.

2020년은 팬데믹 상황이어서 외부 사역이 중단되고 캐나다에 사는 손녀도 집에만 있어야 했다. 아내는 이것을 오히려 기회로 활용했다. 매일 30분씩 줌을 통해 10개월간 손녀에게 성경 이야기를 들려주었다. 창세기부터 말라기까지 구약의 내용을 모두 이야기 형식으로 풀고, 특히 야곱의 열두 아들의 이름, 애굽에 내린 열 가지 재앙, 사사들의 이름, 남유다의 왕 20명의 이름 등을 쉬운 노래에 가사로 붙여 암송하도록 했다.

부인 선교사들을 위한 아내의 마음

아내 홍은희 선교사는 특별히 부인 선교사와 사모들에 대한 마음이 있다. 상담심리학을 전공하여 박사 학위를 받은 아내는 사람들의 자존감과 열등감에 대한 관심이 특히 많다. 아내는 무엇이든 궁금한 문제는 공부해서 학적으로 규명되어야 직성이 풀리는 성격이다. 성경 전체를 연구하여 사람들과 온라인을 통해 공부한 것도 그런 성격의 일환이다.

내가 복음 전도와 사람들의 구원 문제에 우선 관심을 두는 편이라면 아내는 신앙적으로 성화에 대한 관심이 높은 편이다. 아내는 내가 평생을 한결같이 예수님이 누구이시고 어떤 일을 하신 분이며, 예수 믿고 천국 가야 한다는 신앙의 기본과 복음에 대해 꾸준히 말할 수 있는 것이 하나님의 은혜라고 말한다. 내가 그 단순한 소명을 따라 살아가고 있다는 걸 아내를 통해 확인받는 것은 감사한 일이라고 생각한다.

홍 선교사는 요즘 '부인 선교사의 자기실현'에 대해 연구하는 중이다. 부인 선교사는 영어로 '미셔너리 와이프'(missionary wife)다. 남자 선교사의 부인(wife of missionary)이 아니라, 여성이면서 부인인 선교사에 관한 것이다. 만일 선교사의 부인이라고만 생각하면 아내와 엄마의 역할만 하면 된다. 하지만 본인도 선교사라는 정체성을 분명히 한다면 부인 선교사도 동일한 선교사다. 그래서 자신은 미셔너리 와이프라는 정체성을 가졌다고 생각한다.

아내는 내가 내수동교회 담임이 되는 문제에 대해 의논할 때도 자기는 나를 따를 것이니 나는 하나님의 뜻을 따르라고 말했다. 그렇게 하면 아내도 하나님의 뜻을 따르는 일이 된다고 믿었다. 굳이 비유하자면 나오미를 따르는 룻의 심정이 부인 선교사의 심정과 비슷한 것 같다고 생각한다.

하지만 아내도 젊었을 때는 아이를 양육하느라 선교사로서의 정체성을 품고 있기가 어려웠다. 그런데 딸이 결혼하여 독립하고 가사에서도 여유가 생기자 선교적인 일에 관여하고 집중할 수 있는 여력이 생기기 시작했다. 하지만 많은 부인 선교사들이 자신과 비슷한 입장이 되어도 달라진 상황에 적응하지 못해 자존감이 낮아지거나 여전히 선교사의 부인 수준에 머무르는 경우가 많은 것을 보게 되었다. 그 이유는 남편이 선교사로서 성장하는 기간에 부인은 자기계발을 할 여유가 없었기 때문이라는 것이 아내의 생각이다. 한창 사역하는 기간의 모든 상황에서 남편과 동일하게 생각하고 같은 수준에서 사역할 순 없지만, 부인도 자기 은사와 사명에 따라 공부하고 준비하는 일은 필요하다는 게 아내의 생각이다.

사실 아내는 성장 과정에서 부모님의 이혼으로 일찌감치 결손가정을 경험했다. 결혼 전에는 맏이로서 희생하는 일이 많았고 모든 사안을 스스로 결정하며 가정을 이끌어야 했다. 그랬던 사람이 나를 돕겠다는 마음으로 결혼은 했는데, 남편의 요구와 아내로서 자신의 욕구 사이에서 충돌을 경험하기도 했다. 그래서 심리와 상담에 관심을 가지기 시작했고, 인도네시아에서 43살에 크리스천 카운슬링을 공부하기 시작했다. 그 뒤 내가 내수동교회로 오게 되면서 한국의 아세아연합신학대학교에서 계속 공부하여 석사과정(MA)을 하였고, '성인 아이의 정체성 회복은 새로운 피조물로서의 자각이다'라는 주제로 논문을 썼다. 그리고 이제는 미드웨스트에서 박사 학위를 받았다.

아내는 MBTI를 비롯한 성격검사와 애니어그램과 같은 프로그램의 전문 강사이다. 상담 분야에서는 인지치료와 독서치료에 특히 관심을 두고 있는데, 독서치료의 최고봉은 성경을 통하는 것이라고 본다. 그래서 방향을 신학과 성경으로 틀어 아예 성경을 가르치는 일을 시작한 것이다. 그 과정에서 본인이 먼저 성경을 많이 알게 된 것이 감사하고, 성경을 통해 하나님 나라의 복음과 선교를 이해하고 적용하는 법에 대해 알게 된 것을 유익이라고 여긴다.

남편인 나는 복음을 전하는 선교에 중점을 둔다면, 아내는 성경은 많이 알지만 꿰지 못한 구슬만 가진 사람처럼 성경의 내용이 정리되지 않은 사람들을 돕는 일에 관심을 두고 있다. 그래서 앞으로 하나님께서 이 일을 이끌어가실 것에 대해 기대감이 크다. 아내는 자신의 경험을 토대로 부인 선교사들이 우울증에 빠지지 않고 자기 발전을 도모할 수 있도록 돕는 일을 하기 위해 기도하고 있다.

4부

하나님이 세우신
세계 경영 계획을 따르라

16
온 세계를 향한 하나님의 경영

내가 선교에 대해 강의한 주제들

나는 한국에서 내수동교회 담임과 선교본부의 직책(훈련원장과 대표 등)을 수행하는 동안 각처의 교회와 단체들의 선교 강사로 초청받아 설교와 강의 형태로 말씀을 전하는 경우가 많았다. 그럴 때 주로 강의한 내용은 다음과 같다.

첫째, 선교의 성경적 기초(또는 성경이 말하는 선교)로 이것은 미션퍼스펙티브 강의 중에서 기초가 되는 성경적 관점을 다룬다.

둘째, 하나님의 목적 성취의 확실성(사 14:24-27)으로 하나님의 주권, 하나님의 영광, 사람들의 구원, 그리고 하나님의 나라의 완성에 대한 것이다.

셋째, 미전도종족 선교의 중요성으로 선교 대위임령과 하나님 나라 도래의 완성(마 24:14; 마 28:18-20; 눅 16:15)에 대한 것이다.

기타, 선교 후원자 조성과 관리에 대해, 선교사가 되기 위한 준비에 대해, 그리고 선교 행정의 실제적인 내용과 선교보고서 작성이나 기도 편지 쓰는 법 등에 관한 것이다.

선교사로서 살아온 내 삶을 소개한 이 책이 단순히 간증서처럼 읽힌 다면 아쉬운 마음이 들 것 같다. 중요한 것은 '내가 어떻게 살았느냐'가 아니라 '하나님께서 나를 통해 어떻게 역사하셨느냐'인 것처럼, 선교에 대한 나의 생각보다 중요한 것은 하나님께서 선교에 대해 어떻게 생각 하시느냐이다. 그 내용을 이제부터 이야기하려 한다.

우리는 왜 선교해야 하는가? 나는 왜 선교사가 되어야 했는가? 이 질 문에 대한 답은 성경에 있다. 세상을 지으신 하나님께서 정하신 계획이 인류의 구원이며, 그 계획을 위해 하나님의 백성에게 맡기신 일이 선교 인데, 그 원리와 내용이 다른 데 있지 않고 성경에 있기 때문이다. 따라 서 원칙적으로 선교의 기초는 성경일 수밖에 없다. 거꾸로 말하면 성경 의 기둥, 뼈대가 선교인 것이다. 그렇다면 우리는 창세기부터 요한계시 록까지, 성경이 하나님의 계획과 세계선교에 대해 뭐라고 말하는지를 살펴보아야 한다. 이 내용은 내가 선교사로 살아왔고 살아가는 삶에 대 해 설명하는 것이기도 하다.

성경은 창조자로서 만유를 통치하시는 하나님께서 계획과 목적이 있으시며 그것을 이룰 주권이 있으시다고 말한다. 모든 피조물에게 존재의 이유, 곧 하나님의 계획에 따른 목적이 있다는 것이다. 사영리에도 언급된 것처럼, 예수님이 이 땅에 오신 것도 "양으로 생명을 얻게 하고 더 풍성히 얻게 하려는"(요 10:10) 계획이 있으셔서다. 그 계획과 목적의 대상은 전세계이다. 주권자 하나님께서 전 세계적인 목적을 가지고 계신 것이다.

세상을 지으신 창조주이시고 주님이신 하나님께서 온 세계를 향해 정하신 계획을 신학에서는 하나님의 경영(經營) 또는 경륜(經綸)이라고 말한다. 이 계획에 따라 하나님께서 주도적으로 하시는 일을 섭리(攝理)라고 하는데, 이런 신학 용어들은 어렵다. 교회에서도 목사들이 주로 쓰지, 일반 사회에서는 쓰지 않는다. 하나님의 경영은 그냥 쉽게 말해 하나님의 계획이다. 나는 선교와 전도를 위해 가급적 쉬운 말을 쓰려고 한다.

하나님의 계획과 목적의 범위

하나님의 첫째 계획, 다른 말로 하나님의 첫째 목적은 하나님을 향한 것(toward God)으로, 하나님의 영광이 온 세계에 나타나는 것이다. 모든 민족이 하나님을 예배하게 되는 것이다.

둘째는 사람들을 위한 것(for people)으로, 죄를 범한 사람들이 용서받고 하나님의 자녀, 백성이 되는 것이다. 아브라함을 통해 약속하신 모든 종족이 복을 받는 것(창 12:3)이 의미하는 것도 사실은 사람들이 구속, 곧 죄를 용서받고 구원받아 하나님의 자녀가 되는 것이다.

셋째는 악을 대항하는 것(against evil)으로, 사탄의 세력을 멸하시고 하나님의 주권을 온전히 세워 하나님의 나라를 이루는 것이다.

이와 같은 하나님의 목적을 이루기 위한 세계선교에도 역시 목적이 있게 되는데, 그것은 하나님의 목적과 같다. 온 세상 모든 종족에게 복음을 전파하여 하나님을 경배하게 하는 것이다. 그래서 일차로 하나님께 영광이 드려지며(toward God, glory in worship), 이차로 사람들에게 현세와 내세의 복이 주어지는 구속이 이뤄지며(for people, blessing), 결국 악이 괴멸되고 하나님의 나라가 도래하는 것(against evil, God's Kingdom come)이다.

그런데 하나님께서 자신의 목적을 나타내신 곳이 바로 성경 전체이다. 구약에 나타난 하나님의 약속, 선언, 예언은 그분이 하시려는 일을 미리 말한 내용이다. 그 내용은 그분께서 성취하고 보기를 원하시는 '결과'다. 하나님의 계획은 우리 눈엔 아직 미완성으로 보일 수 있지만, 하나님에겐 완성된 결과라는 것이다. 온 세계를 향해 정하신 하나님의 경영, 즉 계획과 목적은 말씀하신 대로 시행되고 완성된다. 하나님이 경영하시는 것은 반드시 이루어진다는 것이다.

사14:24 만군의 여호와께서 맹세하여 이르시되 내가 생각한 것이 반드시 되며 내가 경영한 것을 반드시 이루리라

하나님의 계획과 목적의 범위, 즉 그 대상은 온 세계이다. 이스라엘만을 위한 것이 아니라 열방을 위한 것이다.

사 14:26   이것이 온 세계를 향하여 정한 경영이며 이것이 열방을 향하여 편 손이라 하셨나니

하나님께서 하시는 경영은 아무도 폐하거나 바뀌게 할 수 없다.

사 14:27   만군의 여호와께서 경영하셨은즉 누가 능히 그것을 폐하며 그의 손을 펴셨은즉 누가 능히 그것을 돌이키랴

온 세계를 향해 정하신 여호와의 계획은 반드시 견고하게 설 것이다.

시 33:9,11   그가 말씀하시매 이루어졌으며 명령하시매 견고히 섰도다 … 여호와의 계획은 영원히 서고 그의 생각은 대대에 이르리로다

아브라함과 하나님의 약속

인류의 구원을 위한 하나님의 계획이 구체적으로 처음 언급된 곳을 꼽자면 창세기 12장 2절과 3절이다. 이 말씀은 하나님께서 하나님의 계획과 목적을 성취하시는 일에 아브라함과 그 자손을 택하신 내용이다. 하나님은 아브라함을 처음 부르실 때부터 그와 그의 자손을 택하신 목적을 약속의 형태로 이렇게 분명하게 말씀해주셨다.

창 12:2-3   내가 너로 큰 민족을 이루고 네게 복을 주어 네 이름을 창대하게 하리니 너는 복이 될지라 너를 축복하는 자에게는 내가 복

을 내리고 너를 저주하는 자에게는 내가 저주하리니 땅의 모든 족속이 너로 말미암아 복을 얻을 것이라 하신지라

아브라함에게 주실 복을 먼저 말씀하시고, 이어서 인류를 위한 하나님의 언약으로서 아브라함을 통해 모든 족속이 받을 복을 말씀하셨다. 이 말씀은 사람들이 하나님처럼 높아지려다 언어가 서로 달라져 흩어지게 된 바벨탑 사건 다음에 나온다. 하나님께서 아브람에게 나타나셔서 그를 부르시고 하신 말씀이다.

이 말씀에서 축복과 저주의 대상인 땅의 모든 족속은 앞의 11장에 언급된 셈과 데라의 족보에 속한 자들이다. 이들은 결국 세상에 퍼질 온 인류이다. 바벨탑 사건 때문에 언어가 흩어진 세상의 모든 종족이 아브람으로 말미암아 복을 얻을 것이라고 약속하신 것이다. 하나님의 계획을 하나님의 약속(언약)으로 말씀하신 셈이다. 그래서 로마서 4장 16절에서 바울은 아브라함을 모든 신자의 조상이라고 언급하였다.

이 하나님의 계획을 말씀하시기에 앞서 하신 1절이 중요하다. "고향과 친척과 아버지의 집을 떠나, 내가 네게 보여줄 땅으로 가라"고 하신 것이다. 이것은 다음 2절과 3절의 계획을 이루기 위해 전제되어야 할 것으로서 아브라함에게 주신 선교적 명령이다. 그래야 2절과 3절의 약속이 성취될 조건이 마련된다. 결론부터 말하면, 선교가 바로 인류 구원이라는 하나님의 계획을 이루는 일인 것이다.

그런데 약속은 약속을 주신 분, 곧 약속한 이에게 달린 것이다. 약속을 받은 사람이 어떻게 해야 약속이 이뤄지는 것이 아니다. 약속의 성

취 여부가 바로 언약하신 하나님께 있기 때문이다. 그래서 언약, 즉 하나님의 약속은 하나님께서 무엇을 하시려는지를 일방적으로 보여주신 것이다.

아브라함에게 하신 약속의 내용은 그를 통해 모든 종족에게 복을 주시겠다는 것이고, 그 일을 위해 그를 도구로 쓰시겠다는 것이다. 언약의 형태는 아브라함과 하나님 사이의 약속이지만, 하나님이 앞으로 뭘 하시려는지, 하나님의 계획을 말씀하신 것이다. 이와 같이 하나님의 약속은 하나님께서 어떤 일을 하시려고 의도하고 계시는지를 보여주며, 하나님이 보기 원하시는 결과를 미리 보여준다.

바울은 이 말씀이 하나님께서 아브라함에게 '복음'을 전한 것이라고 해석하였다. 그 복음이란 바로 하나님께서 모든 이방 사람에게 주시려는 이신득의, 곧 믿음으로 의롭다함(justification by faith)을 받는 것을 말한다고 설명하였다.

갈3:8   또 하나님이 이방을 믿음으로 말미암아 의로 정하실 것을 성경이 미리 알고 먼저 아브라함에게 복음을 전하되 모든 이방인이 너로 말미암아 복을 받으리라 하였느니라

복음의 수혜자는 이스라엘만이 아니라 모든 이방인이며, 그 내용이 이신득의인 것이다. 이 하나님의 약속은 반드시 온전하게 성취된다. 만물의 주권자인 하나님께서 주신 약속이기 때문이다. 이것이 '약속 성취의 확실성'이다.

민 23:19   하나님은 사람이 아니시니 거짓말을 하지 않으시고 인생이 아
          니시니 후회가 없으시도다 어찌 그 말씀하신 바를 행하지 않으
          시며 하신 말씀을 실행하지 않으시랴

하나님께서는 하시려는 계획을 분명하게 '선언'으로 말씀하셨다. '하
나님의 선언'인 것이다. 아브라함에게 약속의 형태로 하실 일을 말씀하
신 하나님이 시편 46편 10절에서는 어떤 일을 하실지를 선언으로 말씀
하셨다.

시 46:10   이르시기를 너희는 가만히 있어 내가 하나님 됨을 알지어다 내
          가 뭇 나라 중에서 높임을 받으리라 내가 세계 중에서 높임을
          받으리라 하시도다

세계의 창조주이며 절대적인 주권자이신 하나님께서 열방으로부터
높임을 받으시겠다고 선언하셨으니 이 선언을 잊어버리실 리 없다. 또
한 하나님은 전지자이시고 전능자이시므로, 능력이 모자라서 이 약속
을 지키기가 역부족이실 수도 없다. 하나님의 존귀하심과 높으심은 열
방에 나타날 것이다. 반드시 그렇게 될 것이다.
또한 하나님께서는 이 시편 말씀 외에도 구약성경의 너무나 많은 구절
에서 선지자들이 말한 '예언'의 형태로 그렇게 될 것이라고 말씀하셨다.

시 22:27   땅의 모든 끝이 여호와를 기억하고 돌아오며 모든 나라의 모든

족속이 주의 앞에 예배하리니

시 86:9　　주여 주께서 지으신 모든 민족이 와서 주의 앞에 경배하며 주의 이름에 영광을 돌리리이다

습 2:11b　　이방의 모든 해변 사람들이 각각 자기 처소에서 여호와께 경배하리라

습 3:9　　그 때에 내가 여러 백성의 입술을 깨끗하게 하여 그들이 다 여호와의 이름을 부르며 한 가지로 나를 섬기게 하리니

합 2:14　　이는 물이 바다를 덮음 같이 여호와의 영광을 인정하는 것이 세상에 가득함이니라

말 1:11　　만군의 여호와가 이르노라 해 뜨는 곳에서부터 해 지는 곳까지의 이방 민족 중에서 내 이름이 크게 될 것이라 각처에서 내 이름을 위하여 분향하며 깨끗한 제물을 드리리니 이는 내 이름이 이방 민족 중에서 크게 될 것임이니라

'해 뜨는 곳에서부터 해 지는 곳까지'이므로 하나님의 이름이 크게 될 것은 어떤 민족에게서든 예외가 없는 것이다. 여호와의 영광을 인정하는 것이 온 세상에 가득할 것이다.

성탄절에 아내 홍은희 선교사와 함께.

구약성경의 중심 주제

시편에는 '땅'이라는 단어가 자주 나오는데(시 2:8; 8:1,9; 16:3; 18:7; 19:4; 96:1; 98:4; 100:1) 이걸 그냥 땅이라고 해석하면 선교가 보이지 않는다. 땅이 어찌 노래하겠는가? 시편이 표현한 땅은 영어로 'earth'로 지구촌 전체를 가리키며, 물리적인 땅이 아니라 거기에 살고 있는 사람들이라고 읽어야 한다. 그래야 세계선교가 보인다. 온 땅의 사람들이 여호와를 찬양하려면 복음이 전파되어야 하기 때문이다.

위와 같은 구약의 말씀들은 대부분 하나님의 약속을 선언하고 예언하시는 형태로 기록되었으며, 하나님이 하셨고 하실 일을 나타내는 것이다. 바로 '그리스도의 고난과 부활'이며, 나아가 '세계선교'다. 이것이 구약성경의 중심 주제가 된다. 구약의 제사법 같은 율법도 사실은 예수님의 십자가에 어떤 의미가 있는지를 설명하는 내용이다.

누가복음 24장 44-48절은 부활하신 날 저녁에 예수님께서 제자들에게 나타나셔서, 공생애 기간에 가르치셨던 구약성경의 내용이 바로 자신이 고난받을 것과 부활할 것에 대한 것이었음을 밝히신 것이다. 또한 이제 제자들이 할 일이 '세계선교'임을 요약하여 말씀하신 것이다. 제자들이 이 모든 일의 증인이기 때문이다.

눅 24:44-48 또 이르시되 내가 너희와 함께 있을 때에 너희에게 말한 바 곧 모세의 율법과 선지자의 글과 시편에 나를 가리켜 기록된 모든 것이 이루어져야 하리라 한 말이 이것이라 하시고 이에 그들의 마음을 열어 성경을 깨닫게 하시고 또 이르시되 이같이 그리스도가 고난을 받고 제삼일에 죽은 자 가운데서 살아날 것과 또 그의 이름으로 죄 사함을 받게 하는 회개가 예루살렘에서 시작하여 모든 족속에게 전파될 것이 기록되었으니 48너희는 이 모든 일의 증인이라

17
하나님의 언약과 경영에 맞추는 인생

구약의 예언대로 이뤄진 신약의 복음

신약성경의 중심 주제를 볼 수 있는 사도행전 26장 22-23절은 신약성경의 가장 많은 분량을 기록한 바울과 바울의 선교팀이 전한 메시지를 요약한다. 그것은 구약의 증언대로 그리스도의 고난과 부활이 이뤄진 사실이다. 곧 복음인 것이다. 그래서 그들은 "주 예수 그리스도의 이름을 위해서는 생명을 아끼지 아니하는" 자들이 되었다.

행 26:22-23 하나님의 도우심을 받아 내가 오늘까지 서서 높고 낮은 사람 앞에서 증언하는 것은 선지자들과 모세가 반드시 되리라고 말한 것밖에 없으니 곧 그리스도가 고난을 받으실 것과 죽은 자 가운데서 먼저 다시 살아나사 이스라엘과 이방인들에게 빛을 전하시리라 함이니이다 하니라

바울은 이방 교회에 말씀을 전할 때 사도와 장로들이 작정한 규례대로 말씀을 전했으며(행 16:4) 그가 전한 메시지에 사도들은 아무것도 더 추가하지 않았다(갈 2:6). 초대교회 사도와 장로들은 바울을 공적으로 인정하였다(행 15:24-25).

바울이 3차 전도여행을 마친 후 가이사랴에서 아그립바 왕에게 말한 것도 구약에서 선지자들과 모세가 전한 메시지와 일치된 내용(행 26:22)이다. 자신의 메시지가 '그리스도의 고난과 부활'이라는 복음이며, 이 복음이 이방 사람들에게까지 전해지는 것이 곧 '세계선교'라고 요약하였다(행 26:23; 시 119:105; 요 8:12; 요일 1:5).

마태복음 1장 1절은 구약 언약(창 22:16,18; 시 89:3,4; 단 7:13,14)의 성취를 선언하는 신약의 서언(緖言)이다. 아브라함과 다윗의 자손 예수 그리스도의 계보를 말하기 때문이다.

구약 예언	관련 구절	예언의 내용	역할	실체
아브라함의 자손	창 22:16-18 갈 3:8	땅의 모든 족속을 복 받게 할 자	구속자 (어린양)	예수 그리스도
다윗의 자손	시편 89:3-4 단 7:13-14	모든 백성, 나라들, 언어 종족을 평화로 통치할 자	왕 (사자)	

'아브라함의 자손'은 땅의 모든 족속을 복받게 할 자이며, 그 역할은 구속자로서 어린 양이 되는 것이다. 예수님이 바로 '아브라함 언약'의 자손이다(창 12:3b, 18:18, 22:18; 갈 3:8). 예수님이 아브라함의 자손으로 오셨다는 것은 아브라함에게 하신 언약, 즉 "아브라함의 자손을 통하여 땅의 모든 족속이 복을 받을 것"이라는 아브라함 언약이 드디어 성취된 것을 의미하고, 모든 이방 족속이 복을 받는 일이 구체적으로 이루어졌다고 선언한 것이다.

'다윗의 자손'이란 모든 백성, 모든 나라들, 모든 언어 종족을 평화롭게 영원히 통치할 자로서 왕으로 오실 분을 말한다. 구약에서 다윗의 자손으로 예언된 분은 성부로부터 권세와 영광과 나라를 받으실 분으로서, 이스라엘만 아니라 모든 백성과 나라들과 각 방언을 하는 자가 섬길 영원한 왕이시다(단 7:13-14). 구약의 예언대로 그분은 '평강의 왕'이시며, 이방에 평화를 전하실 분이시다. 그의 통치 영역이 "바다에서 바다까지 이르고 유브라데 강에서 땅끝까지 이르리라"(슥 9:9-10)고 예언된 왕이시다. 이제 이스라엘만 아니라 이방인에게도 평강의 왕의 통치 혜택이 이루어지게 되었음을 선언하는 것이다. 마태복음 1장 1절은 구약의 이런 언약에 기초하여 그 구체적인 성취를 선언하는 '위대한 성취의 시작 선언(Grand Opening)'이다. 그러므로 아브라함의 자손과 다윗의 자손은 동일하게 예수 그리스도이시다. 하나님의 구속 계획을 위한 구속자로서 어린 양으로 예표되며, 하나님 나라 성취라는 계획을 위해 왕이 되실 분으로서 사자로 예표된 분이다.

이방인에게 베풀어주신 은혜

예수님께서는 직접 전도하러 다니셨을 뿐 아니라 여러 제자들을 뽑아 훈련하시고 전도하도록 보내기도 하셨다. 예수님이 하신 제자훈련의 목표는 이방 종족을 제자로 삼도록 하기 위한 것으로, 바로 세계선교였다. 예수님은 이방인에게 의도적으로 다가가셨다. 예수님은 이방의 갈릴리를 방문하심으로 공생애 사역을 시작하시고, 그때부터 비로소 천국 메시지를 전파하기 시작하셨다(마 4:12-17). 예수님의 사역 초기부터 갈릴리 위쪽 이방 땅인 수리아와 요단강 동쪽 거라사 지경과 데가볼리의 허다한 사람들이 예수님의 소문을 듣고 따랐다(마 4:24-25; 막 5:1,20).

마가복음 3장 8절과 누가복음 6장 17절은 이두매와 갈릴리 북쪽의 지중해에 연한 이방 항구인 두로와 시돈의 해안으로부터 수많은 백성들이 예수님께 와서 말씀을 듣고 고침을 받았다고 말하고 있다. 마태는 병고침을 받은 사람들이 주로 이방인이었던 사실은 이사야서 42장 1-4절 예언의 성취라고 기록하였다(마 12:15-21).

예수님께서 이방 지역을 방문하실 때 제자들을 데리고 다니신 것은 유대 중심주의 문화에 갇혀 있던 제자들에게 타문화에 노출되는 훈련을 시키신 것이다. 가다라에서 군대 귀신 들린 이방인을 구원하시고(마 8:28-34), 두로와 시돈에서 가나안 여인의 딸을 고쳐주시고 그 여인의 믿음을 칭찬하실 때(마 15:21-28)도 제자들이 동행하였다. 사마리아의 수가성을 방문하여 한 여인에게 말씀을 전하실 때도 그러하였다.

예수님은 이방인에게 베풀어주신 하나님의 은혜를 가르치셨다(눅

4:25-27). 예수님께서 공생애를 시작하신 후 처음 나사렛을 방문하셨을 때 하신 말씀은 '구약시대엔 하나님께서 유대인보다 이방인들에게 더 은혜를 베풀어주신 경우가 의외로 많다'는 것이었다. 그 실례로 사렙다 과부와 수리아 사람 나아만 장군에게 은혜를 베푸신 것을 말씀하셨다. 엘리야 시대에 비가 오지 않아 흉년이 들었을 때, 다른 사람들은 굶주렸지만 오히려 사렙다 과부는 통의 가루와 병의 기름이 없어지지 않는 특별한 은혜를 받았다(왕상 17:8-24). 엘리사 시대에 이스라엘에 나병환자가 있었지만, 그중 아무도 고침을 받지 못하였다. 그러나 이스라엘을 침략했던 앗수르의 장군 나아만은 요단강에서 일곱 번 목욕하고 나병을 고침받았다(왕하 5:1-19).

예수님은 주님의 높으신 권위를 고백한 로마인 백부장의 믿음을 칭찬하셨고, 이방인들이 천국에 많이 참여하게 될 것을 말씀하셨다(마 8:10-11). 고난주간의 가르침에서는 이스라엘 지도자들을 책망하셨는데, 이스라엘 민족에게 주셨던 특권이 박탈되고 '그 나라가 열매 맺는 백성'에게 주어질 것이라고 말씀하셨다(마 21:43).

예수님은 예루살렘에 나귀를 타고 입성하시는 행위로 자신이 열방을 위한 왕이심을 선포하셨다(막 11:1-10; 슥 9:9-10). 예루살렘에 입성하신 후에는 성전을 청결하게 하는 일을 하시며 유대인을 책망하셨는데, 그 이유로 "내 집은 만민이 기도하는 집"이라고 기록된 이사야서 56장 7절의 말씀을 인용하셨다(막 11:7).

예수님이 초림에서 하신 두 가지 중심 사역은 구속(눅 24:46)과 세계 선교(눅 24:47-48)로 요약된다. 구속 사역은 십자가의 대속과 부활을

통해 3일 동안 완수하시고, 선교 사역은 타문화를 대상으로 사역할 제
자들을 훈련하는 것으로 대략 3년간의 공생애 전체 기간에 완수하셨다
(요 17:4).

구속 역사에 중요한 세 가지가 있는데, 그 첫째는 인류 구속을 위한
기초로서 그리스도의 고난과 부활(눅 24:46)로 완성된 것이며, 둘째는
예수님이 시작하여 성도들을 통해 완성되어가고 있는 세계선교이다
(눅 24:47-48). 그리고 셋째는 언젠가 도래할 예수님의 재림과 유형적
하나님 나라이다(마 24:14). 재림과 말세의 징조로 천국 복음이 모든 민
족에게 증거되어야 한다고 말씀하신 것이다. 그래서 4개의 복음서들과
사도행전이 모두 예수님의 선교 명령으로 결론을 맺고 있다.

성경본문	중심 내용	사역 대상	따르는 약속
마태복음 28:18-20	타민족 제자훈련	모든 민족	주님의 동행
마가복음 16:15-18	복음 전파	온 천하, 만민	따르는 표적
누가복음 24:44-49	성경 예언의 성취	예루살렘에서 모든 족속	위로부터 능력으로 입혀짐-성령
요한복음 20:21-23	성부가 성자께 맡기신 사역의 계속	세상	성령 받으라
사도행전 1:8	예수의 증인 됨	예루살렘에서 땅끝까지	성령 임하시고 권능을 받는다

마태복음 28장 18-20절은 타민족을 제자로 삼아 훈련시키는 것이
중심 내용이고, 그 대상은 당연히 모든 민족이다. 그에 따라 제자들에
게 주신 약속은 주님이 동행하시겠다는 것이다.

마가복음 16장 15-18절은 복음 전파가 중심 내용이며 전파될 대상

은 온 천하 만민이다. 그에 따르는 약속은 제자들을 통해 나타날 표적이다.

누가복음 24장 44-49절의 중심 내용은 구약성경 예언의 성취이다. 구약의 중심 내용이 예수님에 대한 것이라는 말씀이다. 예수님에 대한 소식을 전할 대상은 예루살렘에서 모든 족속까지이다. 그에 따르는 약속은 위로부터 능력으로 입혀지는 것인데, 그것은 사도행전 1장 8절에서 다시 언급되었고 2장의 성령 강림으로 성취되었다. 요한복음 20장 21-23절의 중심 내용은 성부가 성자에게 맡기신 사역이 제자들을 통해 계속된다는 것이다. 성령을 받은 제자들의 사역 대상은 세상이며, 그 일을 위해 그들에게 주신 약속은 성령을 받게 되는 것이다. 복음서에 이어지는 사도행전의 중심 내용 역시 제자들이 예수의 증인이 되는 것이다. 그들의 사역 대상은 예루살렘에서 땅끝까지이며, 그에 따르는 약속은 성령이 임하시고 권능을 받는 것이다.

예수님의 선교 위임령을 따르는 삶

나는 복음서들과 사도들의 서신에서 보여주는 메시지의 핵심 결론은 예수님의 재림과 미전도종족 선교와의 관계라고 본다. 복음이 모든 민족에게 증거되면 세상 끝날이 도래하고 예수님이 재림하신다고 예수님이 말씀하셨다.

마 24:14　　이 천국 복음이 모든 민족에게 증언되기 위하여 온 세상에 전파되리니 그제야 끝이 오리라 천국 복음이 모든 민족에게 증거되는 것이 예수님의 재림과 말세의 징조라는 말씀이다. 물론 그 시와 때는 우리가 알 수 없지만, 예수님께서 다시 오실 것과 관련하여 우리에게 조건처럼 말씀하신 것은 분명하다. 그러므로 아직 남아 있는 미전도종족에 대한 복음화를 완성하는 일은 예수님의 재림에서 필요충분조건이다. 그러므로 미전도종족에게 복음을 전하는 것은 예수님의 재림을 준비하는 일이다. 이것은 예수님의 선교위임령(마 28:19-20)의 중심 내용이기도 하다. 구약에서 본 것과 같이 하나님의 계획, 곧 예수님의 대속의 대상이 모든 족속에게 있다는 것은 바로 이 말씀과 연결된다.

마 28:19-20   그러므로 너희는 가서 모든 민족을 제자로 삼아 아버지와 아들과 성령의 이름으로 세례를 베풀고 내가 너희에게 분부한 모든 것을 가르쳐 지키게 하라 볼지어다 내가 세상 끝날까지 너희와 항상 함께 있으리라 하시니라

세상 모든 나라가 우리 주 하나님과 그의 그리스도의 나라가 되어, 그리스도가 세세토록 왕 노릇을 하시는 영원한 하나님의 나라가 완성되고 도래할 것이 계시록에 또한 예언되었다(계 11:15). 완성되어 영원히 있게 될 하나님 나라이다. 이로 보건대 요한계시록은 선교의 완성을 예언하고 있다.

계 5:9   그들이 새 노래를 불러 이르되 두루마리를 가지시고 그 인봉을

떼기에 합당하시도다 일찍이 죽임을 당하사 각 족속과 방언과 백성과 나라 가운데에서 사람들을 피로 사서 하나님께 드리시고

구원받을 사람들은 각 족속, 방언, 백성과 나라 출신이다. 완성된 하나님의 나라에서는 각 나라와 족속과 백성과 방언에서 구원받은 성도들이 함께 모여 찬양할 것이다.

계 7:9-10 이 일 후에 내가 보니 각 나라와 족속과 백성과 방언에서 아무도 능히 셀 수 없는 큰 무리가 나와 흰 옷을 입고 손에 종려 가지를 들고 보좌 앞과 어린 양 앞에 서서 큰 소리로 외쳐 이르되 구원하심이 보좌에 앉으신 우리 하나님과 어린 양에게 있도다 하니

그리하여 영원한 주님의 왕국이 도래하고, 주님께서 영원히 왕노릇 하실 것이다.

계 11:15 일곱째 천사가 나팔을 불매 하늘에 큰 음성들이 나서 이르되 세상 나라가 우리 주와 그의 그리스도의 나라가 되어 그가 세세토록 왕 노릇 하시리로다 하니

이것은 모든 종족이 복음을 듣고 난 후에 언젠가 성취될 장면이다. 이 큰 무리는 모든 나라, 모든 종족에서 나온 자들이다. 이렇게 되는 것

이 바로 온 세계를 향해 정하신 하나님의 경영이다.

구약성경에 약속, 선언, 예언의 형태로 알려주신 하나님의 경영은 예수님께서 오셔서 가르치시고 명령하심으로 더 분명히 밝혀졌다. 그 명령이 바로 예수님의 위임령인데, 그 명령은 우리가 분명한 지향점을 향하여 해야 할 일이 무엇인지를 알려준다. 그것이 바로 미전도종족을 향한 선교이다.

그러므로 우리 삶의 최우선 순위는 하나님의 영원한 계획과 목적에 초점을 맞춘 것이어야 한다. 개인과 공동체의 목적이 하나님의 목적에 일치되어야 바른 사명에 이끌리는 삶이 될 수 있다. 우리가 왕이신 예수님의 귀환을 준비하는 착하고 충성된 종이 되려면 하나님의 경영에 초점을 맞춘 삶을 살아야 할 것이다.

18
구약성경이 말하는
세계선교의 계획

아브라함에게 세 번이나 말씀하신 계획

하나님의 계획과 관련한 말씀은 구약성경 곳곳에 있다. 우선 살펴볼 곳은 아브라함과 이삭과 야곱에게 하나님의 계획을 약속의 형태로 말씀하신 창세기이다.

하나님의 계획이 얼마나 중요한지, 우리는 하나님께서 아브라함에게 그 계획을 세 번이나 말씀하신 것에서 알 수 있다. 앞장에서 살펴본 창세기 12장 2-3절이 첫 번째로 하신 약속의 말씀이라면 두 번째는 18장 17,18절로 하나님이 소돔과 고모라를 멸망시킬 천사를 보내놓으시고 하신 말씀이다. 하나님의 의중을 독백처럼 밝히신 것이다.

창 18:17-18   여호와께서 이르시되 내가 하려는 것을 아브라함에게 숨기겠
             느냐 아브라함은 강대한 나라가 되고 천하 만민은 그로 말미암
             아 복을 받게 될 것이 아니냐

　당장은 소돔과 고모라가 멸망할 것이지만, 궁극적으로는 아브라함
이 강대한 나라가 되고 천하 만민은 그로 말미암아 복을 받게 될 것이
라는 비밀을 알려주신 말씀이다. 그 비밀이 바로 성경에 드러난 하나님
의 계획이다.
　같은 약속을 세 번째로 하신 말씀은 창세기 22장에 나온다. 하나님께
서 아브라함이 100살에 낳은 아들 이삭을 모리아 산에 가서 제물로 바
치라고 하실 때 순종하자, 이삭 대신 숫양을 주신 다음에 하신 말씀이
다.

창 22:17-18   내가 네게 큰 복을 주고 네 씨가 크게 번성하여 하늘의 별과 같
             고 바닷가의 모래와 같게 하리니 네 씨가 그 대적의 성문을 차
             지하리라 또 네 씨로 말미암아 천하 만민이 복을 받으리니 이
             는 네가 나의 말을 준행하였음이니라 하셨다 하니라

　아브라함이 이삭을 죽이려고 하자 하나님께서 급히 "멈추라"고 말리
시더니 대신 죽는 양을 주셨다. 원래는 이삭이 죽을 것인데 어린 양이
죽게 하신 것이다. 이삭은 죽지 않고 양이 죽게 하신 것, 곧 신학 용어로
대속(代贖)의 방법을 모리아 산에서 보여주신 것이다. 이 일은 예수님

의 십자가 사건을 상징적으로 보여주신 예표(豫表)의 행동이었다.

아브라함이 이삭을 바치려 한 장소는 나중에 솔로몬이 성전을 건축하는 장소가 된다. 그리고 예수님이 죽으신 자리, 골고다 언덕으로 알려져 있기도 하다.

창세기 22장 16절은 하나님께서 자신을 가리키며 맹세까지 하셨다고 말씀한다. 이것은 하나님의 강조법이다. 히브리서 6장 17절이 그것을 해석한다.

히 6:17   하나님은 약속을 기업으로 받는 자들에게 그 뜻이 변하지 아니함을 충분히 나타내시려고 그 일을 맹세로 보증하셨나니

18절은 네 씨, 곧 아브라함의 후손으로 말미암아 천하만민이 복을 받을 것이라고 말한다. 그런데 이 말씀에서 '씨'는 단수명사이다. 복수명사라면 복수의 자손을 다 가리킬 것이지만, 결론을 미리 말하면 단 한 분, 예수님을 말하는 것이다.

갈 3:16   이 약속들은 아브라함과 그 자손에게 말씀하신 것인데 여럿을 가리켜 그 자손들이라 하지 아니하시고 오직 한 사람을 가리켜 네 자손이라 하셨으니 곧 그리스도라

아브라함 언약에서 언급된 '아브라함의 자손'이 예수님이라는 한 사람을 가리킨 것이라고 바울이 해석한 것이다. 다시 말하면, 아브라함의

한 자손이신 예수가 세상에 오시면 모든 족속이 복을 받을 것이다. 아브라함이 직접 복을 받게 하는 것이 아니라, 그 씨로 태어난 자이신 예수님을 통해 복을 받게 한다는 것이다. 이런 걸 신학에서는 '계시의 점진성'이라고 한다. 처음엔 덜 분명하게 나타났다가 나중에 분명해지는 것이다. 성경의 계시가 보통 그렇다. 창세기를 비롯한 구약성경에선 흐릿하게 예표로 보여주었다가, 신약에서 직설법으로 분명하게 알리고 해석한 것이 서신서들이다.

아브라함의 후손을 통해 모든 민족에게 복을 주시려는 하나님의 계획은 아브라함 이후에 태어난 자손들의 이야기에서도 점진적으로 나타난다.

이삭과 야곱에게도 동일하게

창세기 26장은 아브라함의 시대가 끝나고 이삭의 때가 시작되는 걸 보여준다. 가나안 땅에 흉년이 들자 이삭이 먹을 것을 구하려고 애굽에 가려는데, 하나님이 가지 말라고 막으신다. 그리고 26장 4절에서 아브라함에게 하신 것과 똑같은 말씀을 해주신다.

창 26:4 　네 자손을 하늘의 별과 같이 번성하게 하며 이 모든 땅을 네 자손에게 주리니 네 자손으로 말미암아 천하 만민이 복을 받으리라

이것을 보면 아브라함의 씨가 이삭을 말하는 것이 아니라는 걸 바로 알 수 있다. 이삭을 통해, 나중에 오실 메시아 예수님을 가리킨 것이다.

28장은 야곱의 시대를 보여주는데, 야곱에게도 같은 말씀이 주어진다. 에서가 자기를 속인 야곱을 죽이려 하자 리브가가 오빠의 집으로 야곱을 빼돌린다. 야곱이 밧단아람으로 가는 길에 벧엘에서 돌베게를 베고 잠이 들었는데, 꿈을 꾼다. 놀랍게도 하나님은 이때에도 아브라함과 이삭에게 하신 말씀을 야곱에게 똑같이 하셨다.

창 28:14   네 자손이 땅의 티끌 같이 되어 네가 서쪽과 동쪽과 북쪽과 남쪽으로 퍼져나갈지며 땅의 모든 족속이 너와 네 자손으로 말미암아 복을 받으리라

이 말씀에서 '자손'은 '씨'라고 번역할 수도 있는데, 이것도 어쨌든 갈라디아서 3장 16절에서 바울이 해석한 예수님을 가리키는 것이다. 하나님께서 아브라함과 이삭과 야곱 세 사람 모두에게 예수님을 통한 구원 계획을 약속하신 것이다. 세 사람에게 동일하게 '네 씨(자손)로 말미암아 천하만민이 복을 받을 것'이라고 말씀하셨기 때문이다.

야곱에게서는 열두 아들이 나오고 이스라엘 열두 지파가 형성됐다. 그들이 애굽에 가서 종살이할 때 하나님이 호렙산에서 모세에게 나타나셨다. 그때 모세에게 자신을 소개하신 말씀이 "나는 여호와니 너희 조상 아브라함의 하나님, 이삭의 하나님, 야곱의 하나님"이다.

출 3:15   하나님이 또 모세에게 이르시되 너는 이스라엘 자손에게 이같이 이르기를 너희 조상의 하나님 여호와 곧 아브라함의 하나

님, 이삭의 하나님, 야곱의 하나님께서 나를 너희에게 보내셨다 하라 이는 나의 영원한 이름이요 대대로 기억할 나의 칭호니라

그리고 모세가 애굽으로 가서 이스라엘 백성에게 하나님의 계획을 말할 때도 '아브라함, 이삭, 야곱의 하나님'이라고 하나님을 소개하라고 명령하신다(출 3:16). 하나님을 이렇게 소개하는 것은 하나님의 언약을 기억하게 만드는 것이다. "내가 누구이며 뭘 하려고 하는지 알아라. 내가 바로 네 후손 중에서 한 자손이 와서 땅의 모든 족속이 결국 복을 받게 하려는 계획을 가진 하나님이다"라는 걸 기억하라는 뜻이다. 주권적으로 모든 것을 섭리하시는 하나님이 바로 아브라함과 이삭과 야곱의 하나님이시니, 이것을 모세를 통해 이스라엘 백성에게 분명히 가르치려 하신 것이다.

그러므로 이스라엘 백성이라면 하나님이 왜 자기 민족을 택하셨는지를 알아야 한다. 자기들만 복 받게 하려고 이스라엘을 택하신 게 아니다. 모든 족속이 복 받게 하려고 택하신 것이다. 그 사실을 알아야 하며, 그것을 대대로 기억해야 한다고 말씀하신 것이다. 이스라엘 백성이 대대로 기억할 하나님의 영원한 이름이 가진 의미는 그런 것이다. 하지만 이스라엘은 착각하였다. 자신들만이 선택받은 백성이라는 우월감을 가진 것이다. 그래서 이방인들을 무시했다.

이스라엘을 택하신 이유

하나님이 이스라엘 민족을 택하신 이유는 그들을 통해 땅의 모든 족속이 복받게 하려는 계획 때문이다. 아브라함과 이삭과 야곱에게 하나님의 그런 계획을 거듭 말씀하셨으므로, 모세에게 명령하신 '아브라함과 이삭과 야곱의 하나님'이라는 표현에 숨겨진 의미 또한 '열방의 모든 나라와 족속이 하나님이 보실 때 다 천하보다 귀한 축복의 대상'이다. 아담의 자손은 다 죄인인데, 그 후손인 예수님을 믿기만 하면, 그 믿음으로 말미암아 의롭다 함을 받게 되는 대상은 이스라엘 사람만이 아니다. 하나님의 백성으로 택함받은 이방 사람까지이다. 세계가 다 하나님의 소유이기 때문이다(욥 41:11; 시 24:1).

전 세계의 모든 종족을 다 하나님이 지으셨다. 하나님의 소유가 아닌 종족은 없다. 그러기에 모든 종족이 하나님의 사랑의 대상이며 구원의 대상이다. 이런 세상에서 이스라엘의 위치는 '하나님의 특별한 소유'(a peculiar trasure)로서 세계를 위한 제사장 나라(kingdom of priests)이다. 왕족으로서 제사장 같은 것(royal priests)이다. 단, 하나님의 말씀에 순종할 때 그 '특별한 소유'의 위치에 있을 수 있었다. 이스라엘 백성이 다 하나님의 백성이지만, 그 중에서 특별히 아론과 그의 자손만 제사장 직분을 가질 수 있던 것과 같다.

이스라엘은 세계 모든 종족들을 위하여 하나님 앞에 서는 제사장이다. 그런 점에서 이스라엘은 거룩한 백성이다. 거룩은 죄와 구별된 것을 의미하므로 그들은 범죄할 때마다 제사를 드려야 했다. 그러나 예수님이 오셔서 온전하고 완전한 대속의 제사, 곧 십자가에서 죽으심으로

단번에 모든 인류의 죄 문제를 해결하셨다. 이제는 회개하고 예수님을 믿어 주님으로 고백함으로, 하나님의 백성이 된 모든 사람은 다 왕 같은 제사장이 되었다.

벧전 2:9	그러나 너희는 택하신 족속이요 왕 같은 제사장들이요 거룩한 나라요 그의 소유가 된 백성이니 이는 너희를 어두운 데서 불러 내어 그의 기이한 빛에 들어가게 하신 이의 아름다운 덕을 선포하게 하려 하심이라

솔로몬이 성전 건축을 한 목적도 이스라엘만을 위한 것이 아니었다. 일차 목적은 당연히 여호와의 이름을 위한 것(대상 22:5,7,10; 대하 2:1,4, 6:7,8,10)이었지만, 만국이 그 성전을 볼 때도 심히 웅장하여 명성과 영광이 있게 하기 위해서였다.

대상 22:5	다윗이 이르되 내 아들 솔로몬은 어리고 미숙하고 여호와를 위하여 건축할 성전은 극히 웅장하여 만국에 명성과 영광이 있게 하여야 할지라 그러므로 내가 이제 그것을 위하여 준비하리라 하고 다윗이 죽기 전에 많이 준비하였더라

성전 건축에 동원된 사람들 중에도 이방인이 포함되었다. 총지휘자는 이방인 두로 사람과 이스라엘 납달리 지파 과부 사이의 혼혈인 히람이고(왕상 7:14), 출애굽 때 따라 나온 다른 종족과 가나안 원주민들의

자손들도 건축 재료의 준비와 공사 과정에 동참하였다. 성전이 완공된 다음 솔로몬이 봉헌기도를 할 때도 "이 성전에서 이스라엘 백성뿐 아니라 이방인이 와서 기도하면 응답해주실 것"을 간구하였다. 이스라엘에게 가장 중요했던 성전 건축에서도 이방인을 고려했던 것이다. 이것은 세상 만민이 여호와만 하나님이시며 그 외에는 없는 줄을 알게 하려는 목적 때문이었다(왕상 8:60). 그랬기 때문에 예수님은 성전에서 장사하는 유대인들이 이방인을 위한 공간을 점령했기 때문에 분개하시고 내쫓으셨던 것이다(막 11:15-17; 요 2:13-22). '만민이 기도하는 집'이 성전인데, 이방인들이 와서 기도하는 것을 그들이 방해하고 있었기 때문이다.

구약성경이 설명하는 하나님의 계획

시편에는 열방 중에서 하나님이 높임을 받으시며 만민이 여호와를 찬양할 것이라는 표현이 즐비하다. 시편 자체에 그리스도의 고난과 세계선교의 성취에 대한 예언을 담고 있다. 대표적인 것이 다윗이 쓴 22편이다. 22편 1-21절은 그리스도의 십자가 고난을 예언적으로 묘사하며, 22절에서 26절은 고난으로부터 구원하시는 하나님께 드리는 찬양이다. 이것은 부활을 상징한다. 27절에서 31절까지는 세계선교의 성취에 대한 예언이라고 볼 수 있다.

시편 46편 10절은 하나님께서 친히 세계 모든 나라 가운데 높임 받으실 것을 선언한 것이다. 47편은 열방의 방백들을 자기 백성으로 삼으시는 온 땅의 왕이신 하나님을 찬양하라고 명한다. 49편과 50편은 세계의 모든 사람이 들도록 지어진 것이며, 65편은 모든 육체(all men), 곧 땅의 모든 끝과 먼 바다에 있는 사람도 의지할 수 있는 주님을 노래한다. 72편 8-11절은 메시아의 세계적인 통치를 말하며, 86편 9절은 열방이 주께 경배할 것을 예언한다. 이밖에도 열방과 열왕이 여호와를 섬길 것이라는 예언이 시편 여러 곳에 나오며, 마지막 결론이라 할 150편은 만물이 모든 방법을 동원하여 여호와를 찬양할 것인데, '호흡이 있는 자마다', 곧 모든 사람이 하나님을 찬양할 것을 말한다.

선지서에 나타난 세계선교의 비전은 더욱 구체적이다. 특히 이사야서는 예수님에 대한 예언과 열방이 하나님을 경배하고 주께 돌아올 것이라는 세계선교의 비전을 곳곳에서 다룬다. 11장은 예수님이 오실 것에 대해, 51장과 52장은 만민에게 나타날 하나님의 공의와 구원을 예언한다. 심지어 마지막 66장은 열방을 선교의 도구로 사용하실 것을 예언한다.

다니엘서는 인자로서 오실 주님께 부여되는 왕권을 말한다. 하나님의 계획에 따라 예수님이 재림하실 때의 일이 구약에 예언된 말씀 중에서 대표적인 구절이 다니엘서 7장 13-14절이다.

단 7:13-14 　내가 또 밤 환상 중에 보니 인자 같은 이가 하늘 구름을 타고 와서 옛적부터 항상 계신 이에게 나아가 그 앞으로 인도되매 그에게 권세와 영광과 나라를 주고 모든 백성과 나라들과 다른 언어를 말하는 모든 자들이 그를 섬기게 하였으니 그의 권세는 소멸되지 아니하는 영원한 권세요 그의 나라는 멸망하지 아니

할 것이니라

이 말씀은 하나님 나라가 임하는 것을 뜻하는데, 나라는 주권, 영토, 백성이라는 세 가지 요소를 갖춰야 한다고 볼 때, 그(인자, 예수님)에게 권세와 영광과 나라를 준다는 것은 통치권을 준다는 뜻이다. 예수님은 삼위일체 하나님으로서 이미 통치권을 가진 왕이시다. 처음부터, 즉 창세 이전부터 통치권을 가지신 것인데, 사탄이 피조물이지만 반란을 일으켜 세상 공중의 권세를 갖고 있었다. 그래서 예수님이 통치권자로서 오셔서 그 권세를 다 폐해버리셔야 한다. 세상에서 사탄이 지배하는 영역을 다 없애버려야 하는 것이다.

하나님 나라가 완성되려면 통치권자와 더불어 백성이 있어야 한다. 그런데 하나님의 백성들은 다 죄인이 되어버렸다. 죄에 빠져 죄의 결과로 죽음에 이른 사람들의 문제를 해결하고 구원해서 하나님의 백성을 삼아야 하나님의 나라의 백성이 준비되는 것이다. 그 일을 위해 예수님이 오신 것이다. 그 일의 방법은 대신 벌 받아주신 일, 곧 십자가이다. 우리가 우리 죄를 대신해서 벌을 받은 자를 믿음으로 나의 주와 하나님으로 고백하면 그 믿음으로 말미암아 의롭다 함을 받고 입으로 고백해서 구원받는다는 법을 하나님이 만드셨다.

백성(people), 나라들(nations), 다른 언어(languages)는 모든 종족을 가리킨다. 예수님이 오셔서 결국 완성하실 하나님 나라는 멸망하지 않을 것이다. 그러므로 하나님의 계획은 궁극적으로 하나님의 나라가 완성되는 것이다.

예레미야와 같은 선지자는 열방을 위해 세운 것이며, 사도행전 15장 16절은 아모스서 9장을 인용하여 하나님께서 모든 이방인들이 주를 찾게 하실 것이라고 말한다. 요나서는 전체가 이방을 향하신 하나님의 긍휼을 보여주며, 하박국 2장 14절은 "여호와의 영광을 인정하는 것이 세상에 가득할 것"이고 "여호와를 아는 지식이 세상에 충만할 것"인데, 그러려면 세계선교를 말하지 않을 수 없다.

스바냐서 2장 11절도 이방의 모든 해변 사람들, 곧 땅끝의 사람들이 자기 처소에서 하나님을 경배하게 될 것이고, 열방 사람들의 입술을 깨끗하게 하셔서, 곧 구원하셔서 하나님의 이름을 부르며 섬기게 하실 것이라고 예언하였다(습 3:9). 스가랴는 나귀를 타고 예루살렘에 입성하실 예수님의 겸손한 성품과 하실 일을 예언했으며(슥 9:9-10), 말라기서는 모든 이방이 하나님을 경배하게 될 것(말 1:11)이라며 구약의 종지부를 찍는다.

구약성경은 예수님에 대해 예언할 뿐 아니라, 온 세계를 하나님의 통치 아래 두시려는 창조의 회복으로서 하나님의 계획을 설명한다. 그러므로 우리에게 사명으로 적용되는 일이 세계선교라는 사실은 두말할 필요가 없다.

19

신약성경이 말하는
세계선교의 시작

구약의 성취를 선언한 신약의 첫 줄

이제는 신약성경이 말하는 세계선교에 대해 알아본다. 신약성경 자체
가 이스라엘의 히브리 중심 사고를 벗어나 세계선교가 결론이 되는 것
이다. 신약성경 자체가 이방 언어인 헬라어로 기록되었다. 헬라어를 아
는 유대인이 읽을 수도 있었겠지만, 사실상 이방인을 위한 것이다. 하
나님께서 유대인의 언어인 히브리어가 아니라 당시 지중해 연안의 이
방인들의 공용어로 신약성경이 기록되게 하셨다. 무엇보다 신약성경
의 첫 절이 세계선교를 예언한 구약 언약의 성취를 선언한다.

마 1:1   아브라함과 다윗의 자손 예수 그리스도의 계보라

이것은 앞에서 언급한 아브라함 언약과 다윗 언약의 구체적인 성취를 뜻한다. 아브라함과 이삭과 야곱의 자손, 곧 그 한 사람이 예수님이라는 것은 앞에서 언급하였다. 다윗 언약 또한 마찬가지다.

왕상 9:5   내가 네 아버지 다윗에게 말하기를 이스라엘의 왕위에 오를 사람이 네게서 끊어지지 아니하리라 한 대로 네 이스라엘의 왕위를 영원히 견고하게 하려니와

아브라함에게는 그의 자손이 오면 땅의 모든 족속이 복을 받을 것이라고 약속하셨고(창 22:18), 다윗에게 주신 약속은 그가 평화로 통치할 왕이라고 예언하셨다. 둘 다 예수님을 가리키는 것인데, 아브라함에게는 어린 양으로 예표되고, 다윗의 자손으로는 사자, 곧 왕으로서의 메시아가 오실 것이라는 예언이다. 시편 89편 3,4절도 다윗의 자손으로서 왕으로 오실 메시아를 예언하였다.

시 89:3-4   주께서 이르시되 나는 내가 택한 자와 언약을 맺으며 내 종 다윗에게 맹세하기를 내가 네 자손을 영원히 견고히 하며 네 왕위를 대대에 세우리라 하셨나이다

그러므로 마태복음 1장 1절이 아브라함과 다윗의 자손 예수 그리스

도의 족보라고 말한 것이 얼마나 놀라운가? 마태가 구약의 예언이 성취된 것을 기록하기 시작한다는 것이다. 신약성경을 시작하는 첫마디가 아브라함의 자손이 오셔서 땅의 모든 족속을 구원하시는데, 그분이 다윗의 자손이시고, 영원한 평화의 왕으로서 영원히 통치할 왕이시라는 거다. 예수님이 바로 아브라함의 자손이며 다윗의 자손이 되어야 하는 것이 족보상으로 분명해야 하기 때문에, 예수님의 족보에서 "아브라함과 다윗의 자손 예수 그리스도의 계보"라고 시작한 것이다.

하나님은 성실하셔서 말씀하신 바를 그대로 실행하신다(민 23:19). 전지전능하신 하나님께서 맹세로 맺으신 언약은 어떤 경우에도 그 뜻이 변하지 않을 것이 분명하다(히 6:17). 그래서 성취된 결과를 마태복음 1장 1절이 보여준 것이다. 구약의 언약에 기초하여 구체적으로 성취된 것을 선언하는, 이른바 '위대한 성취의 시작 선언'이다.

구약에서 예언된 그리스도는 평강의 왕이자 이방에 평화를 전하신 분으로서 그의 통치 영역은 바다에서 바다까지, 땅끝까지 이를 것이다(슥 9:10). 이제는 이스라엘만 아니라 이방인에게도 평강의 왕 예수님의 통치의 혜택이 주어질 것이다.

예수님의 관심사

마태복음의 족보에 이방 여인들이 기록돼 있다는 점도 놀라운 사실이다. 딤나 출신의 다말(창 38)은 베레스와 세라를 낳았고, 여리고에 살던 가나안 여인 라합(수 2:1-21, 6:22-25)은 훗날 룻의 남편이 된 보아스를 낳았다. 룻기의 주인공 룻은 모압 여인이다. 헷 족속으로 헷 사람 우리아의 아내였던 밧세바는 다윗과 동침하여 솔로몬의 어머니가 되었다.

예수님이 태어나실 때 일어난 일도 세계선교와 이방인과 관련된 점이 많다. 누가복음 3장 1-6절에서 세례요한은 이사야서 40장 3-5절의 예언을 인용하여 "모든 육체가 하나님의 구원하심을 보리라"고 하였다. 유대인의 왕으로 오신 예수님인데, 이방 사람인 동방박사들이 먼 길을 와서 경배하였다(마 2:1-12). 천사들은 신분이 낮은 목자들에게 "온 백성에게 미칠(for all the people) 큰 기쁨의 좋은 소식"(눅 2:14)을 전하였다. 세계 모든 종족에게 화평을 주러 오신 분이기 때문이다. 성전에서 아기 예수를 만난 시므온은 예수님이 만민 앞에 예비된 분이며 이방을 비추는 빛이라고 찬송하였다(눅 2:31-32). 그의 찬송 내용에 만민에 대한 구원이 예언된 것이다.

예수님은 헤롯의 핍박을 피하기 위해 성장기를 이방 땅인 애굽에서 보내셨다. 예수님은 '이새의 뿌리에서 한 가지가 나서 결실할 것'(사 11:1)이라는 예언대로 나사렛 사람이 되셨다. 이 말씀에서 가지는 히브리어로 '네체르'인데, 나사렛과 연관된 단어다. 다윗의 후손으로 오실 것이라는 예수님의 예언 성취와 그 근원을 보여준 것이다.

예수님의 사역의 전반적인 관심사는 전도이고, 이방을 염두에 두신 것이었다. 복음화되지 않은 지역과 종족을 사역의 우선으로 삼으신 것이다. 공생애를 시작하신 예수님의 첫 행보는 이방인의 지역을 포함해 갈릴리를 방문하신 것이다(마 4:12-16). 그곳에서 하신 첫 메시지는 천국 복음의 선포였다(마 4:17). 제자들도 이방 지역의 방문에 동행하게 함으로 타문화 선교를 위한 제자훈련에 집중하셨다. 부활 후에 제자들을 떠나실 때도 재림과 말세의 징조로서 천국 복음이 모든 민족에게 증거되어야 할 것이라고 말씀하시며(마 24:14), 복음을 듣지 못한 이들을 향한 선교를 명하셨다.

예수님의 이 위임령에 따라 선교에 나선 첫 역사를 기록한 사도행전의 주요 인물들은 모두 선교사였다. 뿌리 깊은 유대인인 베드로도 이방에 복음을 전하려는 하나님의 뜻을 깨닫게 되었으며, 바울과 바나바와 실라와 디모데는 이방인을 위해 사역했다. 그들이 활동한 지역은 모두 유대 땅이 아닌 이방 지역, 곧 선교지였다. 사마리아, 수리아, 안디옥, 구브로, 소아시아, 마게도냐, 아가야, 로마 등이다. 그들의 활동 기록은 모두 복음이 전파되고 확장된 역사이다.

성령이 임하신 결과

세계선교, 곧 복음의 확장은 사도행전 1장 8절에서 사역지가 구분되는 것으로 시작되었다.

행 1:8   오직 성령이 너희에게 임하시면 너희가 권능을 받고 예루살렘과 온 유대와 사마리아와 땅끝까지 이르러 내 증인이 되리라 하시니라

이것은 성령이 임하시는 결과를 말하며, 반대로 복음의 증인, 곧 선교사가 되는 조건을 말하는 것이기도 하다. 예수의 증인은 성령이 임하여 권능을 받아야 한다. 따라서 선교는 성령님과 떼놓고 생각할 수 없다.

그래서 사도행전이 내용은 사도들의 기록이지만, 사실은 성령님의 활동과 역사를 기록한 것이어서 성령행전이라고 불리기도 하는 것이다. 사도보다 높은 권위를 가지신 성령 하나님의 주도적인 인도의 기록이 사도행전인 것이다.

사도행전의 주인공들은 처음엔 베드로와 요한 같은 예수님과 동행한 유대인 제자들이지만, 바울의 등장과 더불어 그 주도권이 점차적으로 타문화권에 적응력이 강한 디아스포라, 즉 이방 지역에 흩어진 유대인들과 이방인 그리스도인들에게 넘겨지기 시작한다.

선교의 사역지가 구분되고 전환되는 과정에 대해 선교학에서는 M-1, M-2, M-3 등으로 표현한다. M-1은 자기 민족 또는 동일 문화권에게 복음을 전하는 동일문화권 선교, 즉 예루살렘과 유대에 복음이 전해지는 것이다. M-2는 유사 문화권을 위한 선교, 즉 사마리아가 그 대상이다. M-3은 타문화권 선교, 즉 '땅끝'이다. 사도행전에서는 함족을 위한 선교(행 8:26-39)와 야벳족을 위한 선교(행 10:9-48)에서 M-3가 드러나기 시작한다. 특히 베드로가 인종차별주의의 태도를 버리는 과정에서 구체화된다(행 10:28, 34-35, 44-48).

예루살렘교회는 모여 있기만 하다가 핍박으로 흩어져 결과적으로 선교하게 되었지만, 안디옥교회는 처음으로 선교사를 파송한 교회이다. 그들 가운데 유대인뿐 아니라 이방인도 섞여 있어서 다양성 가운데 일치를 보여 타민족 선교에 쓰임받을 수 있었다(행 13:1).

교회는 모여 있기만 해선 안 되지만, 그렇다고 다 흩어져 선교하러 나가기만 할 수도 없다. 모임과 선교, 두 가지가 공존해야 한다. 이것을 선교학적 교회론에서는 교회의 이중 구조(the double structure of the church)라고 하는데, 둘 중 하나인 '모달리티'(modality)는 양육 중심의 목양적 구조를 말한다. 이것은 한 지역에 머물러 있는 교회로서 동일 문화권을 향한 M-1 선교에서 효과적이다. 또 다른 하나는 '소달리티'(sodality)인데, 과업 중심의 선교 구조를 말한다. 전투적 교회라고도 말하며, 타문화로 복음을 가져가는 데 필요한 적응력과 기동성이 있는 구조이다. 소달리티는 M-2와 M-3 선교에 적합하다. 교회도 개인처럼 은사를 따라야 하겠지만, 이 두 가지를 고르게 가지고 있는 것이 바람직하다.

초대교회가 모달리티와 소달리티의 균형을 잡아가게 된 계기 중 하나는 예루살렘 공의회의 결정이라 할 것이다(행 15:1-29). 성령께서 유대인뿐 아니라 이방인에게도 구원 얻는 회개를 허락하셨으므로, 이방인에게도 복음이 전파되고 교회의 일원이 되는 것을 인정한 것이기 때문이다. 이로 말미암아 복음이 유대에만, 오늘의 표현으로 하면 교회에만 머무르지 않고 문화의 장벽을 넘어 선교로써 전파되는 일에 가속이 붙게 되었다. 이것은 유대인 중심의 초대교회가 세상의 모든 종족의 언어와 문화의 다양성을 인정한 것이기도 하다. 그 결과 모든 족속이 자신의 문화와 결별하지 않고도 예수님을 따를 수 있도록 믿음의 문이 열렸다. 대표적인 예가 할례였다. 유대인은 예수님을 믿고도 전통에 따라 할례를 받기도 했지만, 이방인에게는 강요하지 않은 것이다. 이 일은 기독교가 세계적 종교가 되는 계기로 평가받는다.

유대인과 이방인이 다르지 않다는 사상이 신약 시대에 정립된 것은 하나님께서 인류를 한 혈통으로 지으셨다는 사실에서 출발한다(행 17:26). 그리스도 안에서 더 이상 우월하거나 열등한 종족이란 없다.

바울 선교사에게 배울 점들

신약성경에서 최초의 선교사로 등장한 인물은 바울이다. 선교사로 부름받은 바울은 자기가 방문하여 복음을 전했거나 방문할 교회의 성도들에게 서신을 보내 복음을 가르치고 양육하는 방법을 썼다. 덕분에 그의 서신서들이 신약성경에 중요한 내용으로 포함되었다. 그의 서신서들은 초대교회의 차세대를 준비하는 일에는 물론이고, 중세와 현대의 교회에 이르기까지 매우 중요한 역할을 해왔다.

바울은 서신서를 통해 자신이 사도라는 점을 심각하게 변증하기도 했다. 그 이유는 사도라는 직분 자체가 예수님의 직계 제자라는 조건뿐 아니라 '보내심을 받은 자' 곧 선교사이기 때문이다. 그는 예수님의 이름을 위하여, 특히 모든 이방인 중에서 예수님을 믿어 순종하게 하는 사람이 선교사라고 정의하였다(롬 1:5, 15:16).

바울은 선교사로서 사역지를 결정할 때 중요한 원칙이 있었는데, 이 원칙은 내가 강조하는 '미전도종족 선교'와 맥을 같이한다(롬 15:20-24).

첫째, 바울은 그리스도의 이름을 부르는 곳에서는 또 전도하지 않으려 했다(롬 15:20). 미전도종족이 있는 곳에만 복음을 전하겠다는 뜻이었다.

둘째, 바울은 주의 소식을 받지 못하고 듣지 못한 자가 들어야 한다는 성구를 인용하였다(롬 15:21). 구약성경에 기록된 예수님에 대한 예언의 말씀들이었다.

셋째, 바울은 복음을 열심히 전한 결과 다시 갈 필요가 없는 곳이 많아지자, "이 지방에는 일할 곳이 없다"면서 자신을 스페인(서바나)으로 가게 해달라고 요청했다(롬 15:23-24). 당시는 그곳을 땅끝이라고 여겼기 때문이다. 실제로 그때의 사람들은 땅끝을 해안선이 있는 마을로 인식했다.

바울이 복음을 전할 때 중요한 원칙이 또 있었는데, 그것은 구원의 대상에는 유대인이나 이방인에게 차별이 없다고 본 것이다(롬 10:12). 예수님은 모든 사람의 주가 되시기 때문이다. 그러므로 "누구든지 주의 이름을 부르면 구원을 얻는다"고 말하였다. 다만 한 영혼이 구원에 이르게 하기 위해서는 필요한 몇 단계의 과정이 있다고 보았다(롬 10:13-15). 우선 '보내심'을 받은 전도자(선교사)가 있어야 하고, 그가 복음을 실제로 '전파'해야 하며, 미전도종족이 그 복음을 '들어야'(들음) 하고, 그 내용을 '믿어'(믿음) '주의 이름을 부름'으로써 '구원'에 이르는 것이다.

우리는 선교사인 바울에게서 선교에 대해 배울 점이 너무나 많다. 그는 선교사의 소명의 문제에 대해서도 명확했다. 선교사는 모름지기 말씀에 순종하여 받은 소명이 있어야 한다고 강조했다. 아브라함은 말씀을 따라갔지만 롯은 그냥 따라갔고(창 12:4) 바울과 바나바는 성령의 부르심을 따라갔지만 마가는 그냥 따라갔다.

바울은 또한 사도적 열정의 사람이었다(행 17:6, 24:5, 고후 11:23-33,

딤후 1:8,12, 2:3,9). 바울이 안식년을 가질 때 한 일(행 14:26-28, 15:3)은 오늘날 선교사가 안식년을 보낼 때 무엇을 할지에 대해 귀감이 된다. 바울은 선교지에서 돌아왔을 때 그동안 하나님이 함께하신 일, 이방인들에게 믿음의 문이 열린 일 같은 간증을 교회에 보고하고 제자들과 함께 있었다.

바울이 선교를 위해 모든 사람과 다양한 문화에 적응하려 애쓴 점도 귀감이 된다. 그는 "스스로 모든 사람의 종이 된 것은 더 많은 사람을 얻고자(믿음을 갖게 하고자) 함이었다"(고전 9:19)라고 하였다. 여러 사람에게 여러 모양이 된 것, 즉 문화적으로 적응하려 노력한 것은 아무쪼록 몇몇 사람을 구원하기 위함이었다(고전 9:22)는 말이다. 그리하여 그는 형제들에게 자신과 같이 되라고 말할 수 있었다(갈 4:12). 나 또한 바울처럼 나의 선교 동역자들과 후배 제자들에게 나와 같이 되라고 말할 수 있기를 기도한다.

선교의 완성을 예언하다

신약의 마지막 책인 요한계시록은 선교의 완성을 예언한다. 7장 9-10절은 모든 민족이 주님의 복음을 듣고 어린 양 예수를 높일 것이라고 말씀한다. 이것은 모든 민족이 복음을 들어야 끝이 온다고 하신 마태복음 24장 14절의 예수님의 말씀과 맥락을 같이한다.

계7:9-10   이 일 후에 내가 보니 각 나라와 족속과 백성과 방언에서 아무
            도 능히 셀 수 없는 큰 무리가 나와 흰 옷을 입고 손에 종려 가지

를 들고 보좌 앞과 어린 양 앞에 서서 큰 소리로 외쳐 이르되 구원하심이 보좌에 앉으신 우리 하나님과 어린 양에게 있도다 하니

이외에도 예수님의 재림과 말세에 대한 예언들이 신약에 있다. 로마서 11장 25절 이하는 이방인의 구원이 충만히 이루어진 후에 이스라엘이 주께 돌아올 것을 말하며, 성도는 복음 때문에 세상의 미움을 받고 핍박을 받을 것이다(마 24:9; 계 7:14). 그리고 복음 전파로 인하여 생길 수 있는 순교자의 수가 찰 때, 심판의 날이 도래할 것이다(계 6:9-11).

20

천국 복음이
온 세상에 전파되리니

대신 벌 받아주는 제도

하나님의 계획은 궁극적으로 하나님 나라의 완성이다. 나라는 '주권'
(통치권), '영토', 그리고 그 주권 아래에서 그 영토에 살고 있는 '백성'이
라는 세 요소로 이루어진다. 하나님께서 그 나라의 왕으로서 이미 주권
을 가지고 계시고 처음부터 통치하고 계셨지만, 사탄이 반란을 일으켜
공중 권세를 잡고 있었다. 하지만 그 사탄의 권세를 다시 오실 예수님
이 다 파하시고 사탄의 지배 영역을 전부 없애버리실 것이다. 그리하여
통치권이 확보될 것이다.

　이제는 그 나라에서 살 수 있는 백성이 있어야 한다. 하지만 하나님

의 피조물인 사람은 죄인이 되어버렸다. 다 타락해서 죄에 빠져 그 죄의 결과로 죽음에 이르게 되었다. 모두 죽음이라는 벌을 받게 되는 것이다. 죄는 무한하신 창조주 하나님을 거역하는 것이기 때문에 죄 자체의 크기는 무한하다. 죄의 대가인 벌의 크기 또한 무한하다. 그래서 죽음이다. 그것은 하나님의 나라에 살 자격이 없게 되었다는 뜻이다.

하나님은 항상 전지전능하신 분으로서 세상을 창조하셨고, 지금도 능력으로 통치하고 계시다. 통치에는 통치자의 성품이 나타날 수밖에 없다. 하나님은 성품상 온전히 거룩하신 분이다. 전지전능하신 통치자이면서 거룩한 분이므로, 우리 같은 죄인이 지은 죄에 대해 하나님의 거룩하심은 벌을 줄 수밖에 없다. 그것이 공의이다. 착한 일을 하면 상을 주고 나쁜 짓을 하면 벌을 주는 것이다. 이런 공의는 하나님의 거룩성의 표현이다. 거룩한 분이기 때문에 공의로우실 수밖에 없고, 인간이 죄를 지으면 벌을 주실 수밖에 없다.

그런데 우리 하나님은 통치자로서 거룩성만 가진 분이 아니라 성품이 좋으신 분이기도 하시다. 좋으신 하나님은 그 좋으심이 사랑으로 나타나신다. 사람이 죄인이 되어 벌을 받아야 하는 존재임에도 불구하고 하나님이 사랑하시는 이유이다. 하지만 사랑한다고 해서 공의를 포기할 수도 없다. 죄인인데, 마냥 덮어줄 수는 없는 것이다.

공의와 사랑이라는 하나님의 성품은 모두 포기할 수 없다. 그래서 거룩성이 공의로 나타나고 좋으심이 사랑으로 나타나 하나님께서 아들을 이 땅에 보내시고 대신 벌 받게 해주신 것이다. 그것이 십자가의 희생이다. 이것을 신학 용어로 대속(代贖)이라 하는데, 이 단어는 믿지 않는 사람이 알아듣기 어렵다. 그래서 나는 '대신 벌 받아주는 제도'라고 표현한다. 예수님이 대신 벌 받아주셨으므로 우리 죄의 심판은 이미 끝났다고 계산하는 제도, 곧 법이다.

예를 들어 내가 누군가에게 100만 원을 꾸었는데 갚을 능력이 없다. 그런데 어떤 다른 사람이 대신 갚아주었다. 그러면 내가 다 갚은 걸로 치는 것이다.

죄를 대신 받을 수 있는 세 가지 조건

'대신 벌 받는 제도'는 구약성경의 율법에 나오는 '속죄 제사'와 같다. 어린 양은 원래 죄가 없는 양을 상징한다. 그래서 죄를 지은 내가 그 양에게 손을 얹고서 내 죄를 고백하고, 그 양에게 내 죄를 대신 뒤집어씌우는 것이다. 그러면 제사장이 양에게 "이 놈! 네가 이런 죄를 지어서 죽는다"고 말하며 양을 죽인다. 양이 죄인 대신 벌을 받고 죽음으로써 그 죄의 문제는 해결됐다고 보는 것이다. 구약의 속죄 또는 대속의 제사는 어디까지나 예수님이 대신 지신 십자가 대속의 예표다.

사람의 죄를 대신 받는 자는 세 가지 조건을 충족해야 한다.

첫째 조건은 사람이라야 한다. 죄를 지은 것이 사람이고 대신 벌 받는 것도 사람이어야 한다.

둘째 조건은 죄가 없는 자여야 한다. 자기가 지은 죄가 있어서 받을 벌이 있는 사람은 남이 지은 죄의 벌을 대신 받을 수 없는 것이다. 죄의 값은 사망(약 1:15)이기 때문에, 자기 죄로 죽을 사람이 남이 받을 벌을 대신 받을 수 없다. 또한 두 사람 이상의 죄를 한 사람이 대신 받을 수 없다. 죄가 없는 사람이 만약에 있다고 해도, 그 사람은 그저 단 한 사람의 죄의 벌만 대신 받을 수 있다. 한 사람의 가치는 한 사람과 같기 때문이다. 그래서 구약에서는 해마다 양과 같은 희생제물을 가지고 속죄 제사를 드려야 했다. 죄를 지을 때마다 그래야 했겠지만, 매번 그럴 수도 없기 때문에 하나님께서 배려한 제도일 것이다.

여기서 셋째 조건이 필요하다. 모든 시대 모든 사람의 죄를 전부 대신 받으려면 모든 사람을 다 합친 것 이상의 가치를 가진 사람이 대신 벌을 받아야 한다는 것이다. 사람 중에는 그런 사람이 당연히 없다. 그럴 수 있는 분은 사람이 되신 예수님 한 분뿐이시다. 사람 하나가 천하보다 귀한데, 그렇게 귀한 사람들을 다 합쳐놓은 것 이상의 가치를 가진 자로서 대신 벌을 받으려면, 그런 존재는 사람으로 세상에 오신 하나님의 아들, 예수님 한 분밖에 없는 것이다. 그래서 하나님이 대신 벌을 받아주시겠다고 아들을 보내신 것이다. 말하자면 하나님이 재판관이시면서 대신 벌도 받아주신 것이다.

이렇게 하실 수 있는 하나님의 존재 형태가 삼위일체다. 세 인격을 가지신 하나님이다. 지정의를 가진 첫째 인격이 성부 하나님, 지정의를 갖춘 두 번째 인격이 성자 예수님, 지정의를 갖춘 세 번째 인격이 성령님이시다. 성부는 성자나 성령이 아니시고, 성자는 성부나 성령이 아니시며, 성령은 성부와 성자가 아니시다. 인격으로는 구분된다. 하지만 한 분이시다. 이 삼위일체의 개념은 우리 머리로는 이해되지 않지만, 어쨌든 한 분이신 건 분명하다. 삼위일체 하나님의 두 번째 인격이신 예수님을 첫 번째 인격이신 성부께서 대신 벌 받아 죽는 희생의 양으로서 세상에 보내신 것이다.

예수님은 완벽한 사람이 되셨지만 죄가 없으셔야 하고, 하나님으로서 신성을 유지하고도 인간의 몸으로 태어나셔야 했기에 처녀 마리아를 통하는 방법으로 나셨다. 그래서 '성령으로 잉태되어'라는 말씀(마 1:23)이 이적이다. 천사가 마리아에게 "나실 바 거룩한 이"(눅 1:35)라고 했던데, '거룩하다'는 '죄가 없다'는 말이다. 그래서 "하나님의 아들이라 일컬어지리라"고 했던 것이다. 아담의 자손으로 난 사람은 아담의 원죄를 따라 부패한 성질을 가지고 나는 것이지만, 마리아에게 성령이 덮임으로써 거룩한 자, 곧 하나님의 아들이 나신 것이다.

이사야 7장 14절 예언에 따라, 마태복음 1장 23절에서도 예수님이 사람이 되어 사람과 같이 계실 것이라고 하였다.

사 7:14　　그러므로 주께서 친히 징조를 너희에게 주실 것이라 보라 처녀가 잉태하여 아들을 낳을 것이요 그의 이름을 임마누엘이라 하리라

마 1:23　　보라 처녀가 잉태하여 아들을 낳을 것이요 그의 이름은 임마누엘이라 하리라 하셨으니 이를 번역한즉 하나님이 우리와 함께 계시다 함이라

하나님의 아들이 처녀의 몸에서 태어나 우리 사람과 같이 계시겠다는 말씀이다. 그러므로 예수님은 완전한 사람이며 완전한 하나님이시

다. 모든 사람의 벌을 대신 받아줄 수 있는 '세 가지 조건'을 모두 갖추기 위해 그렇게 오신 것이다. 이런 분이 세상에 오신 이유가 바로 우리를 대신하여 죽으시기 위해서다.

막10:45   인자가 온 것은 섬김을 받으려 함이 아니라 도리어 섬기려 하고 자기 목숨을 많은 사람의 대속물로 주려 함이니라

이 말씀에서 신학적으로 중요한 점은 '모든 사람들'의 대속물이 아니라 '많은 사람들'의 대속물이 된다는 것이다. 예수님이 십자가에 달려 죽으실 때 모든 사람을 위해 죽으신 것이 아니라 자기 백성을 위해 죽으셨다는 뜻이다. 예수님의 이름 자체의 의미도 그것이다.

마1:21   아들을 낳으리니 이름을 예수라 하라 이는 그가 자기 백성을 그들의 죄에서 구원할 자이심이라 하니라

이 말씀에서 '자기 백성'은 이스라엘만 말하는 것이 아니다. 각 족속과 방언과 백성과 나라 가운데 있는 택함받은 사람들이다(계 5:9).

엡1:4   곧 창세 전에 그리스도 안에서 우리를 택하사

하나님이 창세 전에 자기 백성으로 택하신 백성이다.

택함받은 백성의 의미

세례 요한이 예수님을 소개하는 책임을 맡았는데, 첫째 "세상 죄를 지고 가는 하나님의 어린양"(요 1:29)이라고 했다. 예수님은 외형으로는 단순한 한 사람이지만, 하나님의 구속사에서는 온 인류를 위한 속죄제사의 어린 양 역할을 한 것이다. 한 사람만의 구주가 아니라 세상 죄를 지는 어린양으로서 세상에 오시고, 결국 십자가에서 자기 백성의 죄의 벌을 대신 받아 죽으신 것이다. 주님의 백성으로서 우리를 너무나 사랑하시기 때문이다. "하나님이 세상을 이처럼 사랑하사"라고 할 때 그 세상이 바로 '자기 백성'이다. 그러므로 그 백성은 모세가 광야에서 뱀을 든 것 같이 인자도 들릴 때(십자가에 달리실 때) 구리 뱀을 본 사람이 산 것처럼, 예수님의 십자가를 믿음의 눈으로 보고 믿어야 하며, "나의 주, 나의 하나님이시다"라고 고백해야 한다. 이렇게 하는 사람이 죄를 용서받고 구원받는다.

요한복음 3장 16절이 말하는 세상은 택함받은 백성, 곧 구원받는 사람들로만 구성된 세상이다. 엄격하게 파고 들어가 정확하게 해석하면 그래야 한다. 이 말씀에서 세상이 전체를 말하는 것 같지만, 성경에서는 어떤 조건 안에서 전체를 나타내는 단어로 사용되는 경우가 많다.

가이사 아구스토가 '온 천하'에 호적하라고 명했지만, 그건 황제의 통치권 안에 있는 사람들이 하라는 것이지, 통치권 밖의 사람에게까지 명한 것은 아니다.

한국 사람 중에도 예수 믿는 사람이 있고 안 믿는 사람이 있다. 다만 누가 하나님의 백성인지 우리는 아무도 모르니까 전도는 누구를 향해

서든 해야 한다. 다만 성령님은 누가 하나님의 백성인지 아시므로, 복음 전도자가 복음을 전할 때 그 사람의 마음속에 역사하셔서 믿게 하신다. 그래서 믿는 것도 은혜에 의한 것이다. 믿음도 우리가 믿고 싶다고 얻는 것이 아니다. 하나님이 주시는 것이다. 성령님이 역사해서 믿어지게 해야 믿어지는 것이다.

엡 2:8   너희는 그 은혜에 의하여 믿음으로 말미암아 구원을 받았으니 이것은 너희에게서 난 것이 아니요 하나님의 선물이라

하나님께서 구원받을 자를 택하셨다는 예정론을 믿는 것은 하나님의 절대주권을 믿는 것이다. 그래서 칼빈주의의 중심 교리가 하나님의 절대주권이다. 하나님이 절대주권자이고 전지자이시니 당연히 예정이 맞다. 사실 예정론은 지엽적인 것이고 중심 주제는 하나님의 주권이다. 하나님의 계획을 벗어나는 다른 일이 발생할 수 있다면, 그건 하나님이 절대주권자가 아니라는 말이 된다. 주권이 전제돼야 예정도 나오는 것이다.

하나님 나라의 성취와 재림을 준비하는 일

결론을 정리하면, 신약성경의 내용은 예수님이 두 가지 일을 하시고 이루신 것이 기록된 것이다.

첫째는 예수님이 죄인들의 벌을 대신 받아주실 속죄 제사의 어린양으로서 오신 것이다. 그래서 십자가에서 죽으셨고, 뿐만 아니라 사흘만

에 사망의 권세를 깨고 부활하셔서 새 생명을 얻게 하셨다.

둘째는 예수님이 왕으로서 백성에게 복음을 전하라는 명령을 내리시기 위해 오신 것이다. 하늘과 땅의 모든 권세를 가지신 분이 제자들을 향해 모든 민족에게 복음을 전하라고 명하셨다. 그리고 그들을 제자로 삼아 주님의 말씀을 가르쳐 지키게 하라는 왕의 훈령을 맡기셨다. 그래서 '대위임령'이다. 그 대상이 모든 민족이므로, 제자들은 온 천하를 다니며 만민에게 복음을 전해야 한다. 그 일이 바로 내가 하는 선교이다. 특별히 "천국 복음이 모든 민족에게 증언되기 위하여 온 세상에 전파되리니 그제야 끝이 올 것"이라 하셨으므로, 나는 미전도종족을 대상으로 하는 선교에 집중하는 것이다.

구약 시대는 메시아가 오시기 위한 혈통적 준비를 했다면, 신약 시대에는 세계선교를 통해 모든 종족에게 복음이 증거됐을 때 주님이 영광 중에 재림하시면서 하나님 나라가 유형적으로 도래할 것이다. 마지막 날에 예수님이 대신 벌 받으심으로 구원받은 백성들이 영광중에 재림하실 주님 앞에 나아와 경배할 것이다.

하나님의 나라의 세 요소 중 하나로서 백성을 준비하는 일은 복음 전도를 통해 이루어진다. 그 백성이 준비되면 주권자이신 예수님이 왕으로서 영광중에 재림하실 것이다. 그리고 영원한 하나님 나라가 유형적으로 시작될 것이다. 그러므로 복음 전도, 곧 선교는 하나님 나라의 백성을 준비하는 일이다. 아직 복음을 듣지 못한 모든 미전도종족에게 주님의 복음을 전하는 것이다.

구약성경에 약속되고 선언되고 예언의 형태로 알려주신 하나님의 경영은 예수님께서 오셔서 가르치시고 명령하심으로 더욱 분명하게 알려졌다. 예수님의 크신 위임령은 우리에게 분명한 지향점을 주는 것이고, 우리가 해야 할 일이 무엇인지를 분명하게 알려준다. 그것이 세계선교이며, 특별히 아직도 복음을 듣지 못한 미전도종족에 대한 전도이다. 그러므로 우리의 삶과 사역의 초점을 하나님의 영원한 계획과 목적에 오로지 맞춰야 한다. 그것이 바로 진정한 사명에 이끌리는 삶이라 할 것이다.

나는 신랑을 기다리며 기름을 준비하는 신부의 심정과 태도를 가지고 산다. 나의 선교의 동역자들도 왕의 귀환을 준비하는 착하고 충성된 종들로서 하나님의 경영에 초점을 맞춘 삶을 살기를 간절히 기도한다.

"주 예수여, 속히 오시옵소서! 우리는 주님이 다시 오실 날을 준비하기 위하여, 주의 복음을 아직 듣지 못한 종족에게 주님의 복음을 전하는 사명을 감당하며 살아가려 합니다. 주의 성령께서 우리들의 영혼을 보호하시고 인도하여 주옵소서. 마라나타!"